为什么有钱人都用零钱包？

稼ぐ人はなぜ、一円玉を大事にするのか？

Junichiro Kameda

[日] 亀田润一郎 著
赵媛 译

新世界出版社
NEW WORLD PRESS

图书在版编目（CIP）数据

为什么有钱人都用零钱包？/（日）龟田润一郎著；赵媛译. -- 北京：新世界出版社，2019.3
ISBN 978-7-5104-6727-1

Ⅰ. ①为… Ⅱ. ①龟… ②赵… Ⅲ. ①理财—通俗读物 Ⅳ. ① F830.59-49

中国版本图书馆 CIP 数据核字（2019）第 012075 号

著作权合同登记号：01-2017-0518

为什么有钱人都用零钱包？

作　　者：（日）龟田润一郎
译　　者：赵　媛
责任编辑：董晶晶
责任印制：王宝根
出版发行：新世界出版社
社　　址：北京西城区百万庄大街 24 号（100037）
发 行 部：（010）6899 5968　（010）6899 8705（传真）
总 编 室：（010）6899 5424　（010）6832 6679（传真）
http://www.nwp.cn
http://www.nwp.com.cn
版 权 部：+8610 6899 6306
版权部电子信箱：nwpcd@sina.com
印　　刷：三河市骏杰印刷有限公司
经　　销：新华书店
开　　本：880mm × 1230mm　1/32
字　　数：100 千字
印　　张：6.25
版　　次：2019 年 3 月第 1 版　2019 年 3 月第 1 次印刷
书　　号：ISBN 978-7-5104-6727-1
定　　价：42.00 元

日本亚马逊部分读者评论

★★★★★从“无”中看到“有”

这本书如同我在黑暗中找到的一抹光明，完全超出了我的想象。

“千里之行，始于足下”，从一点一滴的小事做起。这本书给我带来了行动的动力，让我思考付诸行动的重要性。只要行动起来，就能在黑暗中找到光明，从“无”中看到“有”。

——国王的耳朵是驴耳朵

★★★★★好

这是一本有关金钱的教科书。

我决心要爱惜使用自己的零钱包。

我对书里关于在零钱包里放招财符的描述也非常感兴趣。

这本书和作者之前的另一部作品同样有趣。

——☆乡

★★★★★从1元钱扩展开的人生论

我也属于会将掉在地上的1元钱捡起来的那种人。而且我会把这1元钱投入每周都去参拜的神社的功德箱内，感谢平安度过的一周。

这本书中最令我感动的是作者朝拜四国时邂逅一位老奶奶的插曲。从中我深切地感受到金钱的可贵，我感动得热泪盈眶。

——橙色的影子

★★★★★要珍惜1元钱

作者是一位感情丰富的人，这是我读过本书后的第一个感受。

要像对待心爱之人一样对待1元钱。

我的钱包里很整洁，但我绝不是有钱人，我只是在做表面文章，让钱包内保持整洁。

这本书让我意识到与金钱打交道时，还要考虑到与之相关的人的存在。作者巧妙地利用1元钱来告诫我们人与人之间的纽带的重要性。

书中还记述了作者的许多真实经历和感受，令人感慨万千。强烈推荐给那些想成为有钱人的人和希望精神更加富有的人。

——MINTIA

★★★★★对“能否察觉微小存在”的试炼

这本书的开头写道：“如果路边有1元钱，你是捡起来，还是视而不见呢？”

为什么是路边？又为什么是1元钱呢？

如后文所述，“1元钱掉在自己行进的道路上这个状况，是对‘你能否察觉微小存在’的一种试探”。

开头的提问可以解释为是询问：“目前自己的内心是否有这种余裕？”

惭愧的是，我目前还做不到在任何时候都能察觉到路边的1元钱。

能够注意到细节且不懈追求才是通向完美之路。

——look

★★★★★只不过是1元钱？

作者用通俗易懂的事例描述了人与金钱的交往之道，清晰地表达出自己的观点。

起初我以为这本书只是谈论“1元钱”，其实并非如此。我想读过此书的人对1元钱的看法和对金钱的态度都会有所改变。

——高尔夫13

★★★★★非常好

这本书让我对金钱进行了一番深刻的思考。

读过此书后，我对1元钱变得珍惜，看到不珍惜1元钱的人就会为他们感到难过。

——亚马逊顾客

★★★★★我希望自己能享受生活，努力工作，珍惜人与人之间的缘分

我二十几岁时，就职于大企业，薪资丰厚，然而我用的钱包却是从便宜甩卖的商品中随便挑选的。从四十多岁起，我开始在百货店精挑细选，根据自己的预算选择高档钱包购买。我二十几岁时用的是对折钱包，现在则使用长款钱包。

这本书虽然与作者的其他著作在内容上有相同之处，却仍让我受益匪浅。我在本书中仿佛看到了自己的影子。我虽然与巨额的收入和财产无缘，却从工作中收获颇丰。当然，我也很爱钱。我时刻铭记书中“不浪费1元钱”的观点，也很欣赏作者“1元小费”的建议。

——freesia

★★★★★我原本是不会购买同一作者的不同著作的

我一般不会购买同一作者的同一系列作品，因为它们多少都会有一些相似之处。但我在读过作者的另一本书《为什么有钱人都用长钱包？》后，又购买了这本书。尽管两部作品在内容上有一点重复，但对于读者来说有益无损。

作者在上一部作品中讲述了关于长款钱包和纸钞的哲学性观点，在这部作品中则论述了上一部未触及的对于零钱的看法和金钱哲学。

——*fareast435*

★★★★★珍惜1元钱意味着察觉到细微的存在

我也读过作者所著的《为什么有钱人都用长钱包？》，但我个人还是觉得《为什么有钱人都用零钱包？》这本书更加有趣。

虽然这本书中也有一些内容曾在上一部作品中出现过，但还是有很多新颖之处。

本书并不是没完没了地写1元钱，还提到了关于钱包的事和作者的个人体验。但仔细想想，这些全都和"要珍惜1元钱"的观点密切相关。

书中的插曲都充满了人情味；珍惜1元钱的理由

也写得一清二楚。“无论怎样的巨款都是由1元钱积累而成的。”这个观点看似理所当然，却往往被人们忽视。

这本书写得通俗易懂，让人想要一气呵成将其读完。抱着学习的态度阅读，读完后或许会想到付诸一些小的行动。这正是阅读本书的意义所在。

——亚马逊X

前言

如果路边有1元钱[①]，你是捡起来，还是视而不见？

我就开门见山地说吧。

有钱人都会捡起1元钱。

他们不介意别人的目光，没有丝毫犹豫，光明磊落，但捡钱时的动作却格外小心。

掉在路边的1元钱，捡，还是不捡？

你会做出怎样的选择呢？

实际上，从中能够看出你是否具有“挣钱的天赋”。

① 本书中出现的货币单位都是日元。日元最小的面额是1日元。——本书中的脚注若未做特殊说明，均为译者注。

也许有人觉得:“就凭这么简单的一件事吗?”

其实,“捡起1元钱”的行为蕴含有极其深奥的意义。

让我们想象一下看到掉在路边的1元钱的情景。

小时候,大概我们每个人都会兴高采烈地把它捡起来。

但我们长大成人,有了辨识能力以后,却变得瞻前顾后:

“如果有人看到自己在捡钱,多难为情啊。”

“捡区区1元钱,太麻烦了。”

“不过是1元钱而已,没什么价值。”

心中稍有犹豫,便不会去捡这1元钱。

即使那些认为“1元钱很宝贵”的人,如果态度不够坚决,也还是不能把钱捡起来。

如果一个人不能以同样的感情和行动去对待1元、500元、1万元,就无法做到光明坦荡地

“捡1元钱”。

我是一名税务师，曾和许多企业家、商务人士有过来往，亲眼目睹了他们是如何与金钱打交道的。

他们之中，有的人经营生意始终一帆风顺；有的人不受经济环境不景气的影响，生意越做越好；也有人“大起大落”，时赚时赔，资金周转情况不稳定；还有人陷入经营困境……

在和他们交谈、交往的过程中，我渐渐悟出了一些事理，那就是经营有方的人都有以下两个共同点：

①对金钱有积极的情感

②一贯爱惜金钱

①是对金钱的感情。

将事业经营得风生水起的人，总是对金钱具有乐观、亲切的感情。看着金钱，就像是在注视心爱之人，目光充满了慈爱。

②是对金钱的态度。

把钱装在整洁的钱包里、付款时小心翼翼地将钱递上、尽量将钱花在该用的地方……无论是在存放金钱时，还是用它来消费时，都如同对待的是“珍贵之物”，将对金钱的感情用具体的行动、态度表现出来。

也许你们已经注意到了，光明磊落地将1元钱捡起来的人都具备上述两种素质。这就是挣钱的天赋。

“捡起1元钱”看似一个简单的行为，但如果对金钱没有积极的情感，或者没有将这种情感付诸行动的意愿的话，是不容易做到的。

如果看到的是1000元或1万元，大部分人都会把它捡起来吧。

至于捡钱之后，是交给警察，还是自己偷偷留下，且另当别论（如果你是一个有良知的人，请一定把钱交给警察），可以确定的是，很少会有人对掉落的1000元或1万元视而不见。

所以，通过一个人对待1000元、1万元的态度，很难一眼看出他是否具备挣钱的天赋。

而一个人对于“最小单位”的1元钱所具有的情感和表现出的态度，能够反映出其关于金钱乃至自己周围的一切事物的价值观和哲学，以及人生观。

曾经有一段时期，我从心底里憎恶金钱。

那时，我刚开始替父母偿还债务，感觉“自己被金钱折磨得痛苦不堪”，对金钱没有一丝好感。

那个时候，即使有人劝告我“要积极地面对金钱”“要爱惜金钱”，恐怕我还是对自己的麻烦一筹莫展，甚至还可能被激发出逆反心理。我不知究竟该如何是好。

现在，我从事着税务师的职业，于公于私，金钱都是我的重要伙伴，无论是多少钱，我都一视同仁，小心翼翼地与之相处。而且，幸运的是，随着我对金钱的认识越来越深入，对金钱的作为变得越来越积极，我的年收入也在成比例增长。

我能走到这一步，全得益于身边那些有钱人给我的忠告以及我自己的一些体验。

本书中穿插进这些情节，具体介绍了有钱人普遍存在的“关于金钱的思维方式与行动”。

如果阅读这本书能成为你积极地认知金钱、谨慎地对待金钱的契机，使你不再为金钱所困，未来一片光明，我将无比欣喜。

1元钱也是钱。

它虽然微不足道，却是一切金钱的出发点。当你看着它时，心中会涌现出怎样的情感呢?

目录

第1章　吸引金钱之人发现“1元钱”的方法

第2章 受惠于金钱之人与“1元钱”的相处之道

第3章　不受金钱牵制之人使用“1元钱”的方法

第4章 财务自由之人的“1元钱储蓄法”

第5章　创造财富的人挣得“1 元钱”的方法

第 1 章

吸引金钱之人发现“1元钱”的方法

◎ 为什么有钱人捡起 1 元钱？

我的父亲曾经经营一家承包大楼装修的中小企业。他工作起来兢兢业业、一丝不苟，深得客户们的信赖。

父亲有一位客户是物业主，在东京都的都心拥有好几座私产大楼。这位业主在生意上奉行现金主义。他非常有钱，不仅用现金买下价值几亿日元的整栋大楼，付给客户的钱款也都是当日以现金结算。

这位业主对工作的要求极其严格，我父亲有幸得到他的认可，从他那里承包下几座大楼的装修工程。

有一天，父亲与他一起前往装修工程现场。

父亲先进入大楼，看到有1元钱掉落在大楼入口附近。因为尚在装修，地上堆满了资材，还散落着垃圾。

父亲虽然注意到了“掉落的1元钱”，但还是径直朝前方走去。

而紧随其后进入大楼的业主看到这1元钱后马上就捡了起来。他用手巾擦去附着在1元钱上的垃圾和灰尘，非常小心地将其装进零钱包。业主的一连串动作是那么认真，令人惊诧不已。

他说：**“一定要爱惜金钱。如果忘记了这一点，事业一定不会成功。即使是1元钱，也同样要珍惜。”**

业主继续对一脸窘相的父亲说：“别看我现在是这个样子，过去我也认为‘不就是1元钱嘛’。但正因为有了现在的一切，我才更懂得1元钱的可贵。龟田先生，您也不能忘记哦。”

业主的这番话让父亲感到了巨大的震撼。

遗憾的是，父亲后来事业挫败，公司倒闭了。

我是十几年前从父亲那里听说此事的。他特意向我讲述自己这段羞愧难当的经历，大概是想让我把他当成“反面教材”吧。

事实上，我一直将此事忘在脑后，直到几年前才突然想了起来。从那时起，我便会试着问那些有钱的经营者们：“如果看到掉在路边的1元钱，你会去捡吗？”

他们异口同声地回答：“会捡。”

对他们而言，捡起1元钱是理所当然的。

当我向某位超级富有的实业家提出同样的问题

时，他一脸惊讶地反问：“为什么不捡呢？”

捡起掉在路边的1元钱，对他来说是再平常不过的事，“不捡”反而奇怪。他的选项里根本就没有“不捡”这一项。

当我向那些有钱人提出这个问题时，他们的回答都是：“1元钱是宝贵的。**1元与1万元是同等宝贵的金钱。**认为1元与1万元不同的想法实在是太滑稽了。”

在观察有钱人如何与金钱打交道的过程中，我深切地体会到“与金钱相处和与人交往是一样的”。

有钱人像与人交往一样与金钱相处。

有一种人，对自己认为没有用的人敷衍了事，而对有利可图的人则以礼相待。

如果我们身边有人如此接人待物，你会做何感想呢？

这和“掉在路边的是1元钱就不捡，是1万元就捡”是一样的。

所以，在有钱人的选项中没有“因为是1元钱，所以不捡”这一条。

看到掉在路边的1元钱后瞬间产生的想法，正表现出这个人金钱观的本质。

◎ 1 元钱也是钱

一把将购物找回的零钱塞进裤兜，就此揣上一整天。

回到家，从口袋里掏出零钱，连同车钥匙等一起往桌上一放。

或者让1元钱、10元钱与曲别针、便签等杂物一同躺在公司办公桌最上层的抽屉里。

……

你是否有过类似的经历呢?

如果我自己出现了这样对待零钱的苗头，

我会视其为对自己目前对待金钱的态度发出的“警示”，从而加以注意。

它训诫我：“要全面纠正对金钱的态度。不严肃地面对金钱，迟早会遭厄运。”

这是因为对待零钱的方式比较容易体现一个人对金钱的态度，而且，这种态度往往会延伸为对其他事物的态度。

我平日交往的经营者大都事业有成，但他们当中也有一些人的事业曾经遭受挫败。

这些人与金钱的交往之道有一些共同点，其中一点便是看不起1元、10元这种小面值的金钱。

我在处理业务的过程中，会审视与公司账务有关的各种资料，其中一项是“小额现金账簿”。

小额现金账簿是汇总日常琐碎开支（如拜访客户

的交通费、礼品费等）结算的资料，常会碰到“362元”“924元”这样的带零头的数字。

在中小企业，这类账目资料通常是由经营者亲自制作的。

不善经营的人在处理小额现金账簿中的细小数字时，常常会发生差错。

例如，合计金额为“15365元”，却被记成“15360元”。再如，对照发票，本应输入“854元”，却成了“845元”。

当然，无论是谁，出点儿小差错都在所难免，何况是工作繁忙的经营者们。

但如果这看似简单的计算错误、录入错误频频出现，就说明在这背后，“轻视1元、10元等较小单位金钱的态度开始扎根了”。

这种对金钱的漫不经心，终究也会体现在对待事业的态度上。

刚才说过，“与金钱的相处和与人的交往是一样的”。

例如，对客户殷勤周到，对承包商却态度强硬，像这样把交往对象分成三六九等的人，很有可能因其武断的价值判断而使机会离开。

同样，轻看1元钱，有可能疏远更重要的东西或大笔钱财。

所以，要爱惜1元钱。不因面值小便轻视，反倒正因面值小，更有必要谨慎对待，这样才会珍惜一切金钱。

那么，具体要怎样做才能培养爱惜零钱的习惯呢？

杜绝揣进裤兜后就置之不理、往桌上一放就不闻不问的现象。此外，我们还可以为自己制定一些**“零钱规则”**。

爱惜零钱，要从提高意识做起，不“因其小”而忽视它。

特蕾莎修女有一句名言：“爱的反面不是仇恨，而是漠不关心。”这句话也同样适用于金钱。对金钱怀有积极的情感，首先就要关心金钱。

我们需要制定属于自己的规则，这样才会有意识地去关注它。

我为自己制定的规则中，有一条是“每天早晨清点零钱”。

首先，对零钱包里的东西进行清理，将里面的购物小票移至文件夹等其他地方。

然后，确认零钱的种类。

如果有500元硬币，就放入“储蓄500元硬币”专用的零钱罐。我喜欢用一个机器人造型的存钱罐，它是在我幼年时曾经流行的一台特技拍摄的真人版节目的主人公。我喜欢一边欣赏它那憨态可掬的表情，一边将500元硬币从其背部投入。

1元与5元的硬币，我会储存在另外的专用容器里。等积攒到一定程度后再拿到银行，用于捐款。

我所做的就只有这些。

这样一来，一大早，我的零钱包里就只剩下10元、50元、100元硬币了。零钱数量的减少，不仅让我的钱包变得整齐，也便于我掌握零钱总额。

更重要的是让我得以付出一点点时间去关心这些零钱。这个机会是非常宝贵的。

有位笑星曾在电视节目中说："每天结束时，我都会把钱包中的零钱全部装进塑料瓶。"据说他把这些零钱存上一年，待到年底拿去银行，揭晓零钱总额是一件令他特别开心的事。

你也可以如法炮制，订立专属于自己的"零钱规则"。你觉得呢?

◎ 增加富足感的“神社训练”

如果你发现自己的脚下有1元硬币，这正好是了解“目前自己是如何对待包括金钱在内的一切事物”的好机会。

不可思议啊，一个人与金钱的相处之道能够反映出这个人对一切事物的态度。

例如，一个对金钱粗心大意的经营者也往往会怠慢员工。有的人在餐饮店结账时，习惯把钞票往桌上随便一扔。经营者这样做的话，则他的事业方面也多是粗乱无章。

想要把掉在路边的1元硬币捡起来，首先必须注意到这1元钱的存在。

可以认为，1元钱掉在自己行进的道路上这个状况，是对“你能否察觉微小存在”的一种试探。

从中能看出你是否能在工作与人际交往中顾及一切细节，关注到微小的事物。

因此，每当看到路边有1元钱时，我总是欣喜不已。

我认为，“（至少现在）自己能够发现这些微小的存在，实在是太棒了”。

捡起1元钱时，我也会因自己的“走运”而开心。

尽管捡来的钱最后是要上交的，但1元钱在手的瞬间，“自己手里的金钱总额就增加了1元”。虽然增加的仅仅是1元钱，但确实是变多了。

不是要将捡来的钱占为己有，而是享受捡钱瞬间“给自己带来好运”的感觉。

这种感觉，类似于发现长有四片叶子的三叶草时感到幸运；类似于清晨品茶，看到直立的茶梗，就觉得“会有好事发生”。

能够发现1元钱，说明在金钱方面，自己正在朝着积极的方向前进。这是可喜可贺之事。

我曾经见过一个人，他说：“我在路边捡到1元、10元钱时，都会捐给附近神社的功德箱，还之于神灵。”

严格来说，我们捡到的钱属于遗失物，应该把它交给警察。但向神灵奉纳为我们提供了一个用金钱表达谢意的机会，“感谢神灵让我们察觉到那些细微的存在”。

闻听此话后，每当我在前往目的地的途中遇到新的神社，我都会把零钱包里的1元、10元钱捐进功德箱，感谢与神灵新结下了缘分。

正如其名称所显示，零钱只是“微不足道的一点钱”，但如果我们怀着积极的情感握其在手，就能够体会到一丝“富足”。这是如同吸入新鲜空气一般的积极向上的感觉。

我认为这种精神上富足感的积累会带来现实中金钱的富足。

◎ 分开使用钱包与零钱包

为了更加关注1元、10元这样的零钱，也为了爱惜这些零钱，我建议大家使用**零钱包**。

不要将零钱与纸钞放入同一个钱包，而要把零钱装在专用的零钱包里。

“我可不能把工作交给像你这样使用钱包的人。”

在我刚开始做税务师的时候，我的一位客户、一家会社的社长曾如是对我说。

那时，我用的是一只对折的塑料钱包，钱包里装着购物小票、发票、各种卡和零钱，塞得满满的。

税务师的工作就是替人管钱。在这位社长看来，从某种意义上讲，税务师就是把自己公司的宝贵钱财托付给的对象。

如果这个托付对象用的是一只破破烂烂、鼓鼓囊囊的钱包……

“宝贵的钱财是无论如何也不能委托给如此对待金钱之人的。”

现在想来，我非常理解这位社长的心情。但在当时，我对社长的话感觉摸不着头脑，心想“何必要这么说呢”。

但他的这句话却成为一个契机，我开始关注身边的经营者们，我曾经看过不下800只钱包。

从中，我发现**有钱人用的几乎都是长款钱**

包，而且都很漂亮、精巧。

此外还有一个特点。

他们中的很多人，除了使用长款钱包之外，还有一个专用的零钱包。

观察他们与金钱打交道的方式，我注意到，他们的钱包不仅用来装钱，也不单是一种时尚饰物，而是对金钱本身“用心、周到”的表现。正因为爱惜金钱本身，他们才会使用精巧别致的钱包。

后来，我也开始使用长款钱包，我发现要将钱包用得精致优雅，零钱包是必不可少的。

把零钱与纸币装在一起，钱包难免会鼓胀。

而且，纸币与硬币的材质不同，把它们放在一起也会产生违和感。这种感觉就如同把彩色马克笔装在彩色铅笔的笔盒中，彼此都会觉得“不舒服”。

所以，我开始使用零钱包。

长款钱包我喜欢用路易·威登的Taiga，零钱包选择的也是同一系列。

有的读者可能知道，零钱包大多和长款钱包价格相同，有的甚至更贵。

“零钱包比长款钱包小得多，为什么仍价格不菲呢？”起初我对此觉得特别不可思议。但当我实际用过之后便心悦诚服了。

零钱包独特的曲线美，以及牢固性（十几年来我一直使用同一个零钱包，它至今完好无损，始终保持着完美的形状）、易用性，都与其价格相符，甚至超出其价格。

我把零钱放在零钱包里，并没有将多余之物从长款钱包里移走的感觉。我希望善待零钱，所以把它们收藏在自己中意的地方。

精美的长款钱包与零钱包——

我记得，当我同时拥有这两者时，我体味到一种舒心而紧张的感觉：“就要开启与金钱交往的新篇章啦。”

我下定决心——“自己一定要配得上这两种钱包。”

同时我也感到一线光明的希望——“我是一个能够配得上这两种钱包的人。”

◎ 用零钱包能减少浪费？！

有人会问：“长款钱包和零钱包两个都用的话，用钱的时候会不会不方便？”

结账时，要依次拿出两个钱包是比较麻烦的事，不如统一成一个钱包方便。

我在实际使用零钱包之前，也觉得或许会有些不便。但当我目睹很多有钱的经营者取出长款钱包和零钱包付款那优雅、潇洒的举止，便不由得想要效仿他们。

其实，使用长款钱包和零钱包，并未感到想象中的麻烦。

我们该做的事与宜做的事，往往与“麻烦”捆绑在一起。但真要做起来，多数情况下，其实也并不麻烦，甚至比想象的更容易做到。

想想看，我们人类不就是在日常生活的微小之处得到试炼的吗？有钱人不正是经过了这些历练的人吗？

关于金钱，“麻烦”“不便”未必是坏事。

为什么这样说呢？因为在金钱的便利性背后，大都隐藏着名叫“浪费”的魔鬼。

例如网购，简单而方便，但它会削弱我们在精神上对购物的控制，容易造成浪费。用信用卡支付比使用现金省事，减少了精神负担，让人感到非常轻松，但当我们收到付款明细时，却往往会后悔购物。

所以，为了减少浪费而特意选择“不便”，是一个不错的选项。

我就听到一些熟悉的朋友说：“自从用了零钱包，浪费减少了。”

我有一位朋友说他用了零钱包之后，再也不在便利店买那些无用之物了。

如果购物金额不多，结账时，人们一般都习惯于先查看钱包里的零钱，看看零钱是否足够。有零钱就用零钱，没有零钱再掏纸币。

而使用了零钱包，遇到这种情况，人们的付款程序会分为两步：首先，从提包或口袋里掏出零钱包；如果零钱包里的零钱不够，再取出长款钱包。

认为“零钱包麻烦”的原因就在于此。

也正因如此，我的那位朋友去便利店时，在购物之前就会先确认零钱包里的零钱金额。

如果当时没有零钱，“本来想买罐咖啡的，但没必要特意为此而破开纸钞，所以就算了，不买了”。类似这样的情形变得多起来。

拿出零钱包，收起，再掏出长款钱包。——就是这样的一点点不便刹住了浪费的闸门。

在听到此番话之前，我从未意识到“用零钱包能减少浪费”；但闻听此言后，我以自身情况做了对比，觉得果然如此。

例如，上班途中去买点东西，随身只携带零钱包。因为手中只有几百元现金，买完要买的东西，就不会再看其他商品了，无意中避免了“冲动”购买杂志、糖果等。

使用零钱包就有这样的意外效果。

◎ 取悦 1 元钱的消费方式

若想得到金钱的宠爱，重要的一点是做到在使用零钱时，“尽量让零钱开心”。

我在超市这样人多嘈杂的地方购物后结账时，总是尽量避免用零钱支付零头。

这一方面是为了不降低付款方与收款方双方的生产性。

在作为税务师自立门户以前，我曾经在便利店打过一段零工。

那时我才知道，原来有那么多顾客都在收银台使用零钱支付零头。

假设购物金额是“2010元”，如果用一张5000元的纸币与一枚10元硬币来支付，是可以提高结账效率的。

然而，有的人却“不管三七二十一，抄起手头的零钱就用”。

我就碰到过有人掏出两张1000元纸币、6枚10元硬币和9枚1元硬币为“1869元”买单的。

如果收银台人不多，倒也无妨，但如果是在中午等人多杂乱的时候，这样做难免会让大家心慌意乱。因为当一位顾客在收银台前掏零钱时，排在其后的顾客们就不得不等着。前面的人好不容易把零钱掏出来后，收银员还要清点、入账，这就还得费一道功夫。

这样一来，拿出零钱的时间，就有可能成为对他人时间的掠夺。

以前我自己身为顾客时，也经常用零钱来支付零头，所以不该大言不惭地评东论西。但有过便利店打工的亲身体验后，我开始极力避免这种会导致付款方与收款方双方的效率和生产性都低下的做法。

我们**用零钱支付零头时，心里想的是“要把多余的零钱都用在这里”，我们觉得，“零钱多了会占地方、碍事、沉重……”**

如果我们把自己与金钱换位进行思考，一定是希望被开开心心地花掉吧。

洞察到这一点后，我注意不再带着“从钱包里移除多余之物”的感觉去使用零钱。

那么，怎样使用零钱，它才会高兴呢?

思考这一点，我们需要考虑到“收受金钱方的情感”。

例如，街头的私人小店有时无法准备充足的零钱。这时，备好零钱、无需找零就显得格外体贴。

再例如，参加某项付费活动或聚会时，如果提前准备好恰好的金额，当日支付时无需找零，这种体贴心细的人自然会受到众人的喜爱。

可以说，**取悦零钱的消费方式就是令收受方喜悦的消费方式。**

体察对方心境、处境的金钱之交，无论收受方还是付出方，都会滋生出亲切、丰富的情感。以这种感情花出的金钱，岂不是迟早会伴随着额度更大的金钱归来?

◎ 整理钱包将改变你的人生

“要爱惜金钱。”

这恐怕是很多人自童年时期就耳熟能详的一句话。

那么，“爱惜金钱”，具体要怎样行动呢?

避免浪费、厉行节约可以算是其中的一项，有钱人珍惜手里的每一笔钱。

把钱整齐地放入钱包是最基础的做法，他们从来不会把钱往口袋里胡乱一塞或往桌子上、柜子上随便一放。

付款时，将钱毕恭毕敬地奉上，再小心翼翼地拿回找零。

更可贵的是，他们将钱包视为金钱在自己身边暂留时居住的“房间”，总是将其收拾得有条不紊，竭力在钱包里为纸钞、硬币打造出舒适的空间。

就让我们从清理钱包开始做起吧。

如果你想成为有钱人或不为金钱所困的人，首先应该做的就是清理钱包。这样说丝毫不为过。

“清理”听上去似乎有些夸张。实际上，清理钱包不同于清理房间，瞬间即可完成，是无法以忙当作借口回避的。

这点微不足道的事，是现在就干，还是拖到以后再做？

综观人生，小小的分水岭大大地改变了人们最后到达的终点，这样的情形不在少数。

清理钱包的规则是**“钱包内不放今日不用之物”**。

我们现在就来检查一下自己的钱包。里面是不是装有购物小票、发票，今天用不上的大量的积分卡，几乎不会用到的信用卡，每月只用一次的百货店、干洗店等地方的会员卡，医院的诊察券[①]……？

将“今日使用之物”留在钱包里，其他的全部拿出去。

为了记账而保留的购物小票之类的票据不包含在“今日使用之物”的范畴内；用于向公司报销经费的发票等，也要另外准备一个专用文件袋或文件夹归档。

---

① 就诊时给每位患者发的小卡片，上面有医院或诊所的名称、看诊时间、休诊日、电话等信息及患者的姓名、病历号等。

仅仅清理出这些，钱包里就能变得整齐多了。

接下来，还有更重要的事要做。

即保持清理后整齐的状态。

只要我们在精神上稍有松懈，无论是钱包还是房间，很快就会恢复原来的样子，被“今日不用之物”占据得满满的。

为了避免这样的情况发生，我将清理钱包作为每天早上的必修功课，并将其命名为“一日一清”。

首先，我会把为了能在事后确认明细而在消费时索要的购物小票与发票从钱包里拿出来，移至其他地方。没有记账习惯的人，也可以根据小票与发票，粗略记录下来消费金额。

消费百元、千元单位的金钱，有时难以产生“消费了”的感觉；但这些细小的数字逐渐累加至万元单位时，你就能切实体会到“消费了”。

这种“消费了”的感觉是非常重要的。

有时，自己觉得总计“只花费了几千元”，而实际上却已经消费了几万元。养成记录消费金额的习惯有助于修正这种感觉误差。

此外，把当日不用的医院诊察券、积分卡等放入卡券包。

接下来要做的是清点零钱，零钱包里只保留10元、50元、100元的硬币。

最后，确认钱包内的金额，并用干布将钱包外侧擦拭一番。

整个过程不过几分钟，但仅此就可以令钱包保持整齐的状态。

对钱包一日一清，不仅可以使钱包保持整齐的状态，还有利于对“自己如何消费金钱”心中有数。

参照购物小票与发票来记录消费金额是最清晰的方法，即使不这么做，也能通过清理钱包知道自己的消费情况。例如，昨天早晨钱包里有3万元，而今天早上只有1万元了，由此可知“昨天消费了2万元”。

这样也易于发现自己花钱过多，从而进行反思。

据说，人们从行动至反思的过程越短，越容易修正自己行进的轨道。

我们都有过类似的体会吧：对于1周前、10天前的浪费，我们往往没有什么感觉，甚至都不记得了，所以它很难使自己今日的行动（金钱的使用方式）有变化；但如果浪费行为发生在1天前，自己经过深刻反省，今日的行动必定会有所改变。

有的人会在今日借鉴对昨日的反思，但也有人不这样做（例如，整整一周对钱包漠然置之、不做清理，只是有“钱渐渐变少了”的感觉）。

1天、2天、3天，这两类人的差距看不出来，但10年下来，其差别就甚为明显，至少这两类人的人生在金钱方面会有大大的不同。

关注“金钱出入的门户”——钱包，是爱惜金钱、创造聚财之所的虽然简单却最为重要的方法。

第2章

受惠于金钱之人与“1元钱”的相处之道

◎ 钱包内“可视化”是根本原则

“请您看看我的钱包和有钱人的钱包是不是一样的？”

在我的著作《为什么有钱人都用长钱包？》出版后，经常有人向我提出这样的问题。

有一次，我受好友之托，对他的钱包做了一番诊断。

那是一只棕褐色的皮制长款钱包，打开后看着很整齐，纸钞以1000元、5000元、1万元为单位依次排列，里面也没有放多余的票据。

这些做得都不错，唯一不足的是钱包里**卡的种类太多。**

我把所有的卡从钱包里取出，和好友一起对其分类："这张卡不用放在钱包里吧？""这张卡真有必要吗？"就这样，我们俩把应该放在钱包里的卡分为"一类"，把其他卡分为"二类"；然后，只把"一类"卡放回钱包，剩下的卡摆在桌上。

对方和我的关系非常亲密，所以我决定搞一个小小的恶作剧。我从取出的那些卡里抽出一张，趁友人不备悄悄地藏了起来。

好友手拿清理完毕的钱包，心满意足地看个不停。他望着桌上的卡说："这么多卡都没用啊。"

我问他："你有没有发现什么？"

好友一脸茫然。

于是，我把刚才藏起来的那张卡拿给他看。

“啊？我一点都没有察觉到。”好友惊讶地说。

由此可见，如果钱包里放这放那，塞得满满地，就很难掌握自己的钱包里都有什么。

仔细想想，这是很危险的。

万一钱包丢了，都不知道自己丢了些什么。

如果丢失了信用卡，首先要联系信用卡公司，对每种卡都需要采取相应的应对措施。

如果不知道钱包里都装了些什么，就很难了解自己应该立刻采取哪些措施，不安感会倍增。

假如钱包里只有一张卡，只要和与此卡有关的地方联络，然后到距离最近的派出所挂失即可。

将钱包清理整齐，对其内容物了如指掌，可以降低非常情况发生时的风险。

我们是不是都认为“自己是绝不会把钱包弄丢的”?

根据警视厅公布的数据，2013年全年“捡到钱包”的备案高达30万件。

由于并非所有人捡到钱包都会上交给警察，所以丢失、遗失钱包的案件实际上还要更多。

这个数字是警视厅管辖范围内的统计数字，它表明仅在东京都内就有30万只钱包被捡到。按全国规模推算的话，数字应该高达几倍。所以丢钱包绝非与己无关之事。

无论钱包内的金额有多少，将其“可视化”，与金钱打起交道来就会截然不同。

信用卡是“看不见的金钱”之代表，本章就以信用卡为中心，介绍巧妙地与金钱进行周旋的方法。

◎ 浪费会伪装成“便利”现身

让我们来做一番回忆吧。

无论是谁，儿时都会有一两件“愉快的花钱经历”。

例如，攥着一枚100元的硬币去糖果店，用过年的压岁钱购买偶像歌星的CD，一点一点地把零花钱攒起来去买一件心仪已久的玩具……

那么，长大后又是怎样的呢？

最近你是否感受到了“花钱的喜悦”？

成人有着与儿时不同的现实生活，对花钱这件事感受到的不一定全是喜悦。

也许是因为年纪大了，但围绕金钱的社会环境发生了变化也是一个原因。

与从前相比，由于信用卡结算和电子货币的普及，使用现金的场合越来越少，现金逐渐在生活中淡去，“花钱了”的感觉也就变淡了。

信用卡、电子货币结算避开了用现金进行交易，具有灵活方便的优点，但却使人们花钱的“喜悦”和“苦痛”感变得迟钝，也可以说减少了人们知晓“1元钱分量”的机会。

这会造成什么后果呢?

会增加个人在金钱消费上的浪费。

没有了“花费金钱的感触和痛楚”，钱就会不断地减少。

例如，与频频记账的人相比，那些几个月都不记账的人的钱减少得更快。

每天对钱包进行清理、有计划地从银行取款的人，比那些毫无计划性、每月多次从ATM取钱的人更能攒下钱。

信用卡与电子货币结算虽然便利，却淡化了人们对金钱本身的意识。

虽然都是自己的钱，但显现在电脑、智能手机屏幕上的数字与钱包中有分量的现金相比，和你之间似乎隔着遥远的距离，难以传递现实的“花钱了”的喜悦与痛感。

这样，人们在不知不觉中就将钱花掉，从而造成花费过度。

最终买了很多无用之物的场面日益增加。

要避免浪费，重要的是建立起能够令你体会“花钱感触”的机制。

方法之一是**减少自己的信用卡的数量。**

目前，日本国内信用卡的发行数量超过3亿张，成年国民人均持有约3张信用卡。

我就曾有过五六张信用卡，有在银行开设新账户时经银行推荐办理的，也有在“免年费”“限期赠送积分”等宣传的诱惑下办理的。

有的卡几乎从未用过。

平时，我至少携带3张卡，按照工作与私事区分使用。

这样一来，事后邮寄或通过邮件发送给我的支付明细也至少有3份。收到这些明细的时间与明细上显示的金额当然也互不相同。

例如，第一张明细的合计金额为“2.5万元”，第二封明细的合计金额为“4.8万元”，第三封明细的合计金额为“2.7万元”。

分别寄来的明细单，容易给我们留下花了类似“2.5万元”“4.8万元”这样的数万元的印象。

如果我们看到的是3封明细的合计金额“10万元”，就会觉得“钱花得有些多”；但面对分开的明细单，我们却不会有这种感觉。

诚然，为了按照用途进行管理，我们也可以考虑使用几张不同的信用卡。但这样做的不利之处是会削弱我们对消费总额的感触，信用卡的过度使用容易造成浪费的增加。

要避免这种情况的发生，我们首先要进行**“信用卡瘦身”**。减少信用卡的数量，将付款明细单汇总成1份，我们对金钱消费的感觉便会大大增强。

我将信用卡从五六张减为1张。

在国外的酒店，有时信用卡的颜色会令酒店工作人员表现得格外殷勤。我就曾拥有过能够发挥如此威力的信用卡。

我也曾有过片刻的犹豫：“如果没有了这张卡，就无法享受那项服务了。”但我转念一想：“为了一时的自我满足而使用这种需要缴纳年费的卡，太不划算了。”于是爽快地办理了解约手续。

将信用卡变为1张后，对其管理便轻松了许多，我的心情和钱包里也都变得格外清爽。

◎ 将钱包中的卡减少至 1 张

我曾经见过的有钱人的钱包无一例外都清理得整整齐齐。

钱包内除了现金之外，只保留“今日真正使用之物”，绝不留有“也许会用到”“带着它会更安心”之类的灰色地带的物品。

这是我研究他们的钱包后发现的基本规则。

那么，该把钱包整理到何种程度呢？

看着那些稍不注意就会增加的卡，我忽然决定要做一个尝试。

那就是**“1只钱包·1张卡”**。1只钱包里，除现金外只放1张卡。

钱包都会有几个用来装卡的口袋，我常常看到有人放在钱包里的卡的数量超出了卡袋数量，1只卡袋里装入2张以上的卡。

我的钱包过去也是这种状态，里面塞满了卡，卡袋不够装，厚厚的卡把钱包撑得鼓鼓囊囊的。

我多次提到有钱人的钱包都收拾得整整齐齐，不因多余之物而鼓胀。

钱包里装入卡就会膨胀。

为此，我首先为自己制定了一条规则——“1只卡袋·1张卡”。1只装卡的口袋里只放1张卡，卡的数量不能超过卡袋的数量。

但是渐渐地，我觉得“1只卡袋·1张卡”的做法还不够好，钱包还可以进一步瘦身。

我又想出来一条规则——“1只钱包·1张卡”。

现在，我的长款钱包里基本只装有纸币与1张卡（具备信用卡功能的银行现金卡）。

这样一来，钱包不仅里面看着清爽，从外面看也轻巧了许多。

打开钱包，没有装卡的专用卡袋空荡荡的。但不可思议的是，看着空空的口袋，反而能够体会到富足感（经常感觉到富足，也是过上不为金钱所困的生活的一个关键因素）。

或许会有人认为“1只钱包·1张卡”过于禁欲了，那么，我为何如此执着于减少卡的数量呢？

一方面是为了使钱包尽量保持整齐的状态。

我们来想象一下，如果是一条没有一点垃圾的干净道路，对于有人在这里“随手乱丢垃圾”，我们都会产生抵触情绪吧。但如果这条道路上原本就有很多垃圾，人们对“随手乱丢垃圾”的抵触感就会小得多。

我们对待自己的钱包也是一样。如果钱包本就装有多余的东西，对再向里面放入新的多余之物就会毫无抵触。结果，一物唤来一物，钱包越来越鼓。

所以要保持钱包内整齐，重要的是确定一条明确的规则，多余之物一件也不放。

另一方面是为了管控“金钱的出口”。

个人金钱的流动一般是“收入→支出→收入→支出……”形式的循环，金钱自入口进，从出口出。

一般人有一个乃至两个以上的入口，如工资、养老金、投资股票获取的收益……

但出口的数量大都多于入口的数量。

排在第一位的出口当然是钱包了。进到钱包里的钱，不会永远呆在钱包里，最终逃不过被花出的命运。

钱包里装有现金卡，现金卡也是金钱的一个出口。

每月自动从银行账户中扣除的房租、水电费等，也是出口。

信用卡、具有电子货币功能的IC卡……都是巨大的出口。

若想攒钱或让钱尽量留在自己的身边，关键是要缩减这些金钱的出口，并对其进行管控。

如果能控制入口，使金钱源源不断地流进，当然能达到攒钱的目的，但这并不现实。

基本上，金钱的入口是无法控制的。

所以我们需要关注金钱的出口，要对出口加以控制。

其中，信用卡既是金钱的出口，也是“借钱的入口”，尤其需要注意。

要控制好出口，最重要的是减少出口的数量。

经过上述分析，就能够看出哪张卡才是自己真正需要的“特殊的1张卡”了。

◎ 用随身携带的卡管理一天的行动

我认为，除了医院的诊察券以外，所有的卡券都是金钱的“漏出口”。

不仅信用卡、现金卡是这样，店铺的积分卡也是如此。

“因为是双倍积分日”而买了多余的东西；“因为积分快过有效期了”，所以添了点儿现金买了些不必要的东西……这样的经历我们都有过吧？

很多时候，积分卡在不知不觉中就成了金钱的漏出口。

当然，如果是你经常购物的超市的积分卡，是可以放一两张在钱包里的。

我自己则基本上奉行“不办理·不携带积分卡”主义。

我把百货店、干洗店的会员卡和医院的诊察券等各种卡券，都收纳在专用的卡包内。这个卡包并不是随身携带的，而是放在家里。

每天早晨完成对钱包的一日一清后，我都会在脑海中对当天的行动做一下梳理，然后只将有可能用到的卡从卡包里拿出放入钱包。

例如，如果计划去医院，就拿出诊察券放进钱包；有去干洗店的计划，则将干洗店的会员卡装进钱包。

移动的只有“当天要用的东西”。第二天早上进行一日一清时，再将这些卡放回原来的卡包中。

这样，就能够通过管理放入钱包的卡来管理自己每日的行动。

有人会说：“把卡收到卡包里，万一遇到突发情况需要去医院的话，岂不是很为难吗？”

我个人未曾有过类似的棘手经历，但如果担心的话，建议用手机把您需要的卡拍下来。

例如，即使医院的诊察券不在手边，只要知道号码，照样可以看病。所以我们可以给诊察券拍照以便知道自己的号码。

尝试采用这种方法，就并不会陷入自己想象中的那种困境。

无需固执地思虑过度，本着“我要迈出成为有钱人的第一步”的想法，轻轻松松地去实践“1只钱包·1张卡”这一原则，好吗？

◎ 可以把"招财符"装入钱包吗?

我认为，钱包是款待金钱的场所。

所以，钱包里基本上不装钱以外的东西。

我常看到有人把名片、照片，甚至家中的钥匙都装在钱包里，把钱包当成了杂物包。这样就很难诚恳地招待金钱。

有人问："钱包里能不能装保佑财运的招财符呢？"

保佑财运的招财符确实与钱有关，但是招财符分为"可以放入钱包的招财符"和"不能放入钱包的招财符”两类。

其分类标准与招财符的品种和大小无关。

那么，招财符能否装进钱包是由什么决定的呢？答案是：招财符的主人看到招财符时的感受。

每次看到招财符时，如果能够感到“感谢”“满足”，那就可以把它装进钱包；反之，看到时如果感到“不满”，则不可装进钱包。

我来详细地做一番描述吧。

我认识一位女性朋友，她每年都会买一个新符放进钱包。

有一次，她问我：“这个招财符是否可以一直放在钱包里呢？”

我一看，那是一个非常不错的招财符，据说价格不菲。

她把招财符装在长款钱包放钞票的那一层，在每次拿取或放入钞票时都看得见的位置上。

于是，我问她："你每次看到这个招财符时都做何感想呢？"

她说："我感谢它为我带来的好运，同时我想变得更有钱。"

"吸引力法则"经常提到，在"想成为××"的愿望背后，潜藏着"承认现在的自己尚不是××"的念头。

"想更有钱与说自己现在还没有钱是一样的。每当看到这个招财符，你是不是就想起'自己还没有成为有钱人'？"

听我这么一说，她一脸惊讶："确实如你所言。"

她当场从钱包里小心翼翼地取出了招财符。

她的钱包本来就收拾得整整齐齐的，招财符拿出去以后，她一脸释然地说：“我的心情豁然开朗。”

还有一位男士曾给我看过他的钱包，我发现里面有一个小小的护身符。

经询问，得知那个护身符是他与妻子结婚时一起去神社求来的。他说每次看到这个护身符，“对夫妇关系圆满的感谢之情便油然而生”。

护身符就像这样分为两类：

一类是每次看到就心生温暖，内心的感情走向积极的方向；一类是“尚未如自己所望”，看到后情感转向消极方向的护身符。

前者可以放进钱包，但如果是后者，还是不装在钱包里为佳。

◎ 钱包会告诉我们什么时候该更换它

爱惜身边的每一件物品。

这是有钱人共同具备的一大要素。

例如钱包。

我见过许多有钱人的钱包，他们无一例外地爱惜自己的钱包。

在他们的做法中，给我留下深刻印象的是有的人总是把自己的钱包装在“钱包保管袋”内。

品牌包、钱包在售出时，一般都带有一个保管用的布袋。很多人都会将装钱包的袋子扔掉或用作其他用途，但也有人将其作为日常的“钱包保管袋”使用。

像钱包这样每天都会用到的东西，暴露在外很容易沾上污垢变脏；放在提包里，也会与其他东西碰撞摩擦而破损。

将钱包装进保管袋，可避免被弄脏或磨损。

也许有人觉得诧异：“需要做到这种程度吗？”

最初我也甚感惊讶。但后来，我频频邂逅使用钱包保管袋的有钱人，他们让我认识到这不是什么特别的事，有钱人就是这样爱惜钱包的。

有这样的说法：“钱包应该每年更换一次。”“钱包应该在春季更换。”（我对风水一无所知。对于钱包，我信奉的是从有钱人那里听来的思想和行动准则。）

我曾经向某位使用保管袋、对钱包呵护有加的有钱人询问："钱包需要每年更换吗？"

他当即回答："哪有的事。那太可惜了，我是不会那样做的。我爱惜钱包，尽量让它能用得长久。"他常常将钱包装在保管袋里，大概就是出于这个原因吧。

有钱人的钱包用了5年、10年的例子在我的经历中并不罕见。那些钱包并未随着岁月的流逝而变脏受损，不仅外观仍然精美，而且如年轮叠加的树木一般，绽放出强劲的"生命力"。

我认为，当觉得钱包"差不多该毕业了"的时候，便是需要更换钱包之时。

每天与钱包相处，渐渐地就能体会到"钱包最近威力减弱了""它已竭尽所能"的感觉。这时，自上次换新可能过了5年，也可能仅仅过了1

年。并没有“自开始使用经过几年需要更换钱包”的客观标准，全凭你的感觉。钱包换新之际，也大多是人生的转机到来之时。

我能够体会到这种感觉是在我有意识地使用高品质的钱包之后。

我对钱包变得讲究起来，源于有一天妻子送给我的一件礼物。那是一只路易·威登Taiga系列的长款钱包。妻子说：“身边的有钱人都用这款钱包。”

在此之前，我一直用较贵的对折钱包，因为我对长款钱包有“觉得不便”的印象，我认为钱包只要具备最基本的功能，并且是自己喜欢的样式就可以了。

但用了高品质的长款钱包后，我的想法发生了转变。我不仅改变了自己的金钱意识，也养成了前所未有的新习惯。

从此，不只是钱包，我在选择鞋、西装等日常用品时也变得讲究起来。与之前买的同类物品相比，这些高品质物品质量上乘，价格自然也高出许多，但这也催生出我的惜物之情。

我也从此认识到：有钱人并不是“因为有钱而购买高贵之物”，而是“因为惜物，所以选择高品质之物”。

品质上乘的物品具有改变人的思想和行为的力量。

例如，大概没有人会把一只便宜的尼龙钱包放入专用保管袋吧。

一支便宜的圆珠笔，就算直接插在书包的口袋里，我们也不会在意。但如果是一支高级的自来水笔就不同了，我们会把它装在专用的笔袋里，小心翼翼地携带。

很少会有人为了找回一把遗忘在电车或出租车

上的廉价塑料伞，而特意联络电车或出租车公司；但若遗失的是一把高级雨伞，人们恐怕就不会轻易放弃了。

由此可见，品质上乘的物品会自然而然地改变其主人的态度。有钱人对这一点非常清楚，因此他们选择高品质之物。

我这么说，并非是主张东西要选贵的买。

“无论购买什么都选择贵的”，这种崇尚高档物品的购物倾向，说不定会令你陷入单纯为了满足物欲而购物所造成的浪费，也潜藏着反倒会买到“下等品质物品”的危险。

我们欲购买一件高品质的商品时，都会提前收集商品的相关信息或详尽地向店员咨询。正是经历了这个过程，才会对所购商品有爱心，想要珍惜。

因此，为了达到“爱惜东西”这一目的，皆以高品质为标准进行选择，而不看其是否有名。

下次购买随身用品时，你可以尝试着选择更贵更好一些的。

真正的富足存在于追求高品质的志向的尽头，这是我从那些有钱人的行为中学到的理念。

第3章

不受金钱牵制之人使用“1元钱”的方法

◎ 1 元钱与 1 万元钱，哪个更有价值？

众所周知，拥有约8兆日元资产的微软创始人比尔·盖茨也是一个节俭的人。据说，他乘飞机时总是坐经济舱，去星巴克、麦当劳吃饭还会使用折扣券。

也许有人会惊讶地说：“他这么有钱，还在乎几十元的折扣券，真够财迷的……”

人们常说：“有钱人吝啬。”

有钱人中确实有斤斤计较的小气鬼，“自己的钱一分也不愿给他人”。

但大多数有钱人并非真的吝啬，只是他们对金钱的基本看法有别于那些认为“有钱人吝啬”的人。

他们从未忘记钱再多也是从最小的单位积累而来的。

他们认为，1万元由1万枚1元钱积攒而成，1000元由1000枚1元钱积攒而成。在他们眼中，1万元不是作为1万元存在的，而是以“1元×1万枚”的形式存在的。

用森林和树木来比喻或许更容易理解。

恩泽万物的广大森林也是由一棵棵树木组成的。

把1万元看作森林的话，1元就是一棵树苗。

无论是1百万元的森林，还是1千万元的森林，抑或是1亿元的森林，同样都是1元树苗的集合体。

爱惜金钱，首先要珍惜1元钱。看不起1元钱，就不会珍惜更多的钱。

具体来说，制造型企业为了得到1元钱的毛利，需要付出非同寻常的努力；我们也都在证券交易中亲身经历过股票价格变动1元而带来大幅利润或巨大损失的情况。

有钱人对此都深有体会。

坐拥约8兆日元资产的比尔·盖茨特意使用几十元的折扣券，是因为他深知8兆元也是从1元积累而来的。

“看不起1元钱的人，不能委以大任。”这是每一位擅长挣钱的经营者都拥有的见地。

那么，怎样爱惜金钱呢？

一方面是采取**“有效运用金钱”的方法。**

从前，有一位用钱方式颇为独特的著名的政治家。

在他的诸多轶事中，有一段关于香火钱的插曲。

据说他在准备参加葬礼用的香火钱时，总是包进比其他人高出几倍的金额。行情是3万元的话，他会包进10倍于行情的30万元。

他这样解释："如果包得和别人一样多，是不会给对方留下什么印象的。这样一来，这3万元就成了死钱。但如果包进30万元，则一定会令对方印象深刻，这份钱就有了生命。"

虽然我无意效仿他的做法，但却能与他这种"钱尽其用"的态度产生共鸣。

很多有钱人经常思考"如何发挥金钱的作用"，他们思索金钱怎样使用才最有效。

比尔·盖茨在快餐店使用折扣券，大概就是出于折扣券可以省下几十元，而这几十元自有其用武之地的心理。

如果不能钱尽其用，就算是1元钱也不想花出。这种想法就被某些人当成了“吝啬”。

◎ 你能光明磊落地将自己的钱包示于他人吗?

要成为有钱人，非常重要的一点是对金钱持有积极的情感。

在这方面你做得如何呢?

你是否对金钱表现出了积极的态度呢?

人们对金钱的感情错综复杂，有时看似有着积极的情感，但实际上却依存、执拗于金钱。这与人际关系一样，如果形成依赖、执着的关系，就很难得到对方（金钱）的宠爱。

看了800多个人的钱包后，我发现钱包如实反映出

了一个人对金钱的看法和态度。

简而言之，对金钱怀有积极的情感、爱惜金钱的人，钱包里都是整整齐齐的。

他们的钱包里基本上只装有现金和最低限度需要的卡；纸币都规规矩矩地按同一朝向码放，有些钱包里装的纸币更胜一筹，几乎都是崭新平整的；并且这些人的钱包都散发着韵味深厚的色泽，非常精美。

无一例外，一直踏踏实实挣钱的人的钱包都是如此。

反之，如果一个人拿着一只撑得鼓鼓囊囊的钱包，里面塞满了不需要的小票与几乎用不上的积分卡，则我不得不质疑他对金钱的情感是否积极。这种人的钱包上大多沾满了污渍，且磨损严重。

听了这番话，可能有的人马上会想起自己的钱包，感到失意万分。

“（自己的钱包）被小票、各种卡塞得满满的……”

“脏兮兮的……”

不过，不必如此失望。

判断一个人对金钱是否有积极的情感，在看他的钱包之前，还有一个从其他方面进行识别的办法。

那就是看他“能否光明磊落地将自己的钱包示于他人”。

我看别人的钱包几乎都是在聚餐、宴席这类场合。钱包的话题引来一片热论，就会有人提出“请您也看看我的钱包”“我的钱包您也替我看看”等。

我对经营者做的演讲结束后，有时也会出现这番情景。

这种时候，在场的人士会表现出两种完全不同的态度：一种人主动拿出自己的钱包，说：“也请看看我的钱包。”另一种人直至最后也绝不把自己的钱包拿给人看。

当然，我不会强迫那些“不想给人看”的人拿出钱包。

随着有关金钱和钱包的话题持续升温，根据大家的议论，可以判断出：爽快地掏出钱包给人看的人对金钱的态度较为开明，不把钱包示人的人则大多对金钱缺乏好感。

我刚才所述的重点与钱包的外观如何及钱包里装了什么并无关系，仅仅是看主人能否将钱包示于他人。

一个人拿着的不管是塞得鼓鼓囊囊的钱包，还是脏污的钱包，只要他能够爽快地给他人看，那么这个人尚且“有救”。

实际上，这种类型的人在女性中较为多见。

很多女性都认为钱包是一种时尚象征，所以与男性相比，她们的钱包种类更加丰富，经常更换钱包的人也不在少数。而且，由于女性的购物频度高于男性，所以她们的钱包更容易磨损，也更容易积存小票和各种积分卡。

与本书中介绍的“有钱人的钱包”相比，这样的钱包绝不值得称赞，但即使拿的是这样的钱包，也不羞于示之与人，这样的人多是“爱钱”之人，对金钱有着积极的情感。

只是她们没有将这种思想表现在态度上，未能将想法转换成行动。如果告诉她们“有钱人的钱包都清理得很整齐”，很多人立刻就会付诸实践。

对金钱有好感的人对金钱充满了好奇心，

“只要是对金钱有益的事，无论什么都愿意尝试”。

你能光明磊落地把自己的钱包拿给别人看吗?

◎ 购买能够提升自我形象的物品

我认为，人在踏上通向成功的阶梯时，有时物会借力于人。

例如，你想成为“一个在工作上更加能干的人”，按年收入来说，想成为“年收入达到1千万的人”。

这个时候，为了激励自己奋发图强，就算有些力不从心，也要买一只高品质的钱包。这也是一种有效使用金钱的方法。

从目前的年收入看，或许买一只价格在几千元或1万元左右的钱包就足够了。但此时咬咬牙，买一只贵

一点的钱包。即使现实的年收入不高，也可以拥有与年收入1千万的人有的同样的钱包。总之，对钱包做一个先行投资。

接着，在钱包的引领下，你现实中的年收入可能就会逐渐接近目标。

站在现在的位置上仰望更高的地方，有时是需要勇气的。

例如滑雪，一直在初学者的滑道上滑行，是无法达到中级、高级水平的。掌握了初学者必备的基础后，即使实力尚未达到中级水平，也应该尝试去中级滑道滑行。上了滑道，实力自然就赶上来了。

工作也是一样。掌握书本上的基础知识固然重要，但如果一直停留在伏案学习的层次，能力是不会提高的。即使准备得还不充分，也要大胆地投身实践现场，积累经验，这样实力提高得更快。

总之，哪怕先用一只脚主动地登上更高一级的台阶，大多数情况下，另一只脚随后也会跟上。

先在钱包上向年收入1千万的人看齐，便与此相似。

也许有人认为，没必要拘泥在钱包上，西装、鞋、手表等不都能起到相同的作用吗?

当然，注重这些东西也无妨，但我认为，能提升个人在金钱方面的自我形象的还是钱包。

因为钱包与工作和私生活无关，每天都会被人们随身携带，每天都有机会被多次触及，也不会日日更换。

每次手握钱包，就会想起被自己视为目标的理想的姿态，至少可以感受到年收入达到1千万时所用钱包的水准。

拿着这样的钱包，最大的益处在于产生乐趣。每次使用带来希望、勇气、自信等积极情感的钱包，总会欣喜不已。

与其仅仅把钱包当作装钱的工具，花几千元买一只钱包，不如花几万元买一只能提升自我形象、让自己牢记提高能力的钱包，这样花钱才最为有效。

不只局限于钱包，建议你在购物时，都挑选能丰富内心的东西。

◎ 对金钱倾注感情的消费方式

“最近，你在消费每一笔金钱时是否都费尽了一番心思？”

为了有效地使用金钱，我们可以经常这样自问自答。

例如肚子饿了，觉得只要填饱肚子就行，于是去便利店买便当或走进一家快餐店。这样是很难做到用心与钱打交道的。**为了满足自身欲望而花出金钱，多数情况下都没用心思。**

那么，你觉得下面这种做法如何呢?

肚子饿了，想做点什么吃，于是去购买食材。而为了身体健康着想，购买的是无农药蔬菜或能了解到生产者信息的食品。

选择商店时，并不单纯考虑“离得最近”“价格便宜”等因素，而是根据“自己今后是否也想支持这家店”来做决定。

这就体现出消费金钱时倾注了情感。

例如买苹果。“因为想吃，所以买苹果”，这是单纯的消费；但如果是一位母亲“想用这个苹果为孩子做美味的苹果派”，或是孩子“想为最近肠胃不适的父亲做苹果泥”等，这样花费金钱就充满了感情。

我有意识地在消费金钱时将感情倾注于其中。

无论是购买服装还是用餐，我都会选择去“想要支持的店铺”“希望长盛不衰的店铺”。

这不只限于熟人经营的店铺。偶尔走进的一家令我感觉不错或非常中意的店铺，或者虽非百年老店，但有自己明确的方针、努力经营的“年轻”店铺，我对其感情尤为强烈。

当然，我个人的光顾未必会给这家店铺的销售额做出什么贡献，但我仍然希望它买卖兴隆。我走进去，并付钱对店铺提供的美味料理和周到热情的服务表示感谢。

与单纯为了果腹而消费相比，这样消费更有意义。

“消费金钱时要倾注感情”，这一念头早在我作为税务师独立之前，几乎还没有什么可以自由支配的金钱时就具有了。

本书开头讲过，我曾有一段时期为还债所累。我父亲经营的公司随着泡沫经济的瓦解而倒闭，我不得不为父亲偿还巨额债务。

当时我独自住在一所狭窄的公寓里，白天在公司上班，晚上在便利店打工。我需要赚取生活费并还债，日子过得紧紧巴巴。

我之所以选择在便利店打工，也是因为店铺允许员工带走过期的便当。有时一天带回两三个便当，我把它们放进冷冻室保存，不去打工的日子就把那些便当解冻后吃。

我经济上不宽裕，不能频繁在外就餐。但到了发工资的日子，我也想买些便利店便当以外的东西吃。我最喜欢吃烤鸡了，为了犒劳自己，发了工资，我就会到烤鸡店去。

我每次能够花费的金额不到2000元，但即使在这种情况下，我对去哪家店铺用餐仍然是有讲究的。

我认为，虽然现实中的自己窘迫到无力为

他人呐喊助威，但同样是花钱，我还是更想去“我想要支持”“希望它长盛不衰”的店铺消费。

我选定家附近的一家店，每吃烤鸡必去，光顾了近10年，并最终与店主成为朋友。

其间，烤鸡店店主隔着餐台，默默地守护着我，见证了我脱离贫困生活，成为税务师自立门户的历史。

但是过了将近10年，那家店因为某些原因而结束了经营。

最后一个营业日，来了很多老顾客。大家为关店感到惋惜，对再也吃不到那么好吃的烤鸡深感遗憾。我也在人群当中。

“小润，今天你会一直待到最后吧？”店主问我。

我当然是要等到最后一刻的。

关店时间已过，我成了最后一位顾客。这时，店主递给我一样东西。

那是一个写有烤鸡店菜单“鸡肝”的木牌，自创业以来，它就一直挂在店铺的墙壁上。鸡肝是这家店的招牌菜，也是我的大爱。

“有朝一日，我还想再把店重新开起来。等到那一天，你一定要拿着这个木牌来啊。”店主说。

我至今仍保存着那块被烧烤的油烟熏成了浅褐色的木牌。

店铺关闭后，我仍与店主保持交往。虽然没有了店铺，没有了金钱上的往来，但我们之间却形成了一种不同于金钱关系的新的联系。

用心花费金钱，会带给我们无法衡量的富足感。

同样是花费金钱，我更愿意实践这种能产生富足感的消费方式。

◎ 表示感谢的“1 枚硬币的小费”

使用零钱时，也有一种倾注感情的方法。

我实践的是**“1枚硬币的小费”习惯。**

那是约10年前的一个深夜，我坐在出租车上。

我从车内的收音机广播中听到，某个著名的经营者在乘坐出租车时，总会留下100元硬币作为小费。

我经常听说有人乘出租车付费时，不要找零，将其当作小费留给司机。我有时也这样做。

但给出100元小费我还是第一次听说。于是我问司机：“有乘客留下100元硬币当作小费吗？”司机说：

“我还没遇到过那样的乘客。”

但他告诉我，偶尔会有客人留下1枚500元硬币或1张1000元纸币当作小费，而且，这些客人还会附上一句“谢谢”“一点心意”之类的话；也有很多人下车时不要找零，是因为觉得零钱占地方，所以不要。

“当然，我也很感激那些留下找零的客人。”司机补充道。

自从听了这番话，我每当乘坐出租车，并且对司机的服务感到满意时，不再就地留下找零，而是将1枚100元硬币作为小费递给司机。

支付出租车的乘车费，收下找零，然后说上一句“一点心意”，轻轻地将100元硬币放在收款盘内。

同样是给出小费，不是把找零的钱“一把抓”递给司机，而是哪怕只给出1枚硬币，也饱含真情地给予，这样做，更令金钱欢喜。

对收取方而言，与被客人胡乱丢给零钱相比，收到这种充满感情的100元时，心情会更加舒畅。

这种充满谢意的金钱往来也会为现场带来片刻愉悦。

递上100元时，有的司机会一瞬间不知所措，反问道：“100元？”

这时，我会半开玩笑道：“抱歉，这点钱都不够买杯咖啡。”司机一般都会笑着说“哪里哪里”，并愉快地把钱收下。然后我笑着下车，司机笑着道一声“谢谢”。

这种1枚硬币的小费，我也会给予送外卖的服务生。

我收下找零后再拿出100元放在手里，说：“这是我的一点心意。”那些年轻的外卖小哥大都会大吃一惊，他们精神十足地爽朗地大声说：“这合适吗？……谢谢！”看到他们如此高兴，我也不由得回一句“谢谢”。

正因为日本没有给小费的习惯，这种1枚硬币的小费更能令彼此开心，这个金钱往来的过程成了一段愉快的时光。

我曾将一把贵重的雨伞忘在了出租车上，当我察觉后立即打电话给出租车公司，禀报了自己乘车与下车的地点，并告诉他们：“我是下车时留下100元小费的那个人。”

“哦，您就是给了100元小费的那位客人啊。”他们很快就找到了司机。

那位司机正巧在附近，特意将伞送到了我下车的地方。

虽然仅仅是100元的往来，但它却促成了远远超出100元价值的交流。

◎ 老奶奶给我的1枚硬币

金钱有时候是承载感情、情义的“器皿”。

但感情、情义的大小无法用金钱衡量。

对此，我深有体会。

我33岁时踏上了朝拜四国88座寺庙之旅。

当时我虽已在会计事务所就职，但尚未取得税务师资格，还处于见习阶段。

通向税务师的道路有很多条，我的目标是通过税务师考试来实现成为税务师的梦想。考试共有5个科目，要成为税务师，必须通过所有科目的考试。

刚刚考完5科中的最后一个科目，我就做出了去四国的决定。

与之前相比，我虽然年收入有所增加，但因为还在还债，所以日子依旧过得紧紧巴巴地，见习的工作状态也让我有一种不上不下的感觉。

“这么下去自己是不会幸福的，也不能让他人幸福。必须设法改变这种混沌的生活状态。”

考完最后一科后，我依然有一种无法解脱的闭塞感，我决定“为了光明的未来，去朝拜，与过往的人生诀别”。

我之所以选择朝拜之旅作为重启人生的契机，是因为10年前与某位餐饮店老板的邂逅。

这家店铺位于东京池袋。与老板初次见面那天，他问起我的出生日期。他说：

"龟田君，你的本命佛是大日如来。大日如来也是弘法大师[1]的本命佛，你今后的人生一定错不了。如果有机会，你可以去四国朝拜。四国之路是弘法大师所修，若你内心踌躇，在这旅程中一定会有所发现的……"

这位老板也曾有过四国朝拜的经历。

听了他的话以后，我一直对朝拜之事念念不忘。

"如果内心踌躇的话……"

我想起了那位老板的这句话，为了重启人生，我需要去四国朝拜，去的话就只有趁现在。我不顾一切地递上一份休假申请，动身启程。

我沿着与弘法大师有深刻渊源的道路徒步而行，全程约1400公里。我的收获很难用一句话来描述，这次朝拜毫无疑问成为我人生的一个巨大转机，并且，

①即日本高僧空海。

这次旅程还改变了我的金钱观。

有的读者可能知道，朝拜途中有时会受到“招待”。

招待是当地人对朝拜者进行布施的一种习俗，有时是供给饮料和食物，有时是资助金钱，也有免费提供食宿的。

招待这种行为是招待者对朝拜者的托付，“因为自己无法去朝拜，所以请朝拜者替代自己前往”。这对招待者而言是善行，是功德，所以被招待者只管接受即可。

朝拜之旅的第二天，我第一次受到了这种招待。

一位经营中小企业的中年男子与我搭讪，当得知我是从东京来朝拜时，他突然掏出了1000元钱。

我虽然知道有招待这种习俗，但素昧平生的人突然拿出1000元，还是让我受到了震动。

当时，我对于金钱的认识还停留在金钱是“交换手段”，是“衡量价值的东西”这个层面。

对于那位给了我1000元的男士，我既没有付出什么特殊的劳动，也没有可以与其进行交换的东西。

我对收受金钱充满了歉意。但因所带金钱甚少，我又极其渴望那1000元。

我看着那1000元，拒绝道：“不，不必了。”

对方遭到拒绝，一脸懵懂地说：“这是招待，请您收下吧。”他无有丝毫意愿收回那1000元。

经过一番心理斗争，我心情复杂地收下了这1000元。

人能够习惯于任何事。在受到几次招待后，我对接受金钱不再抵触。

而习惯会令欲望增强。

我会觉得给我1000元的人“真是好人啊”；但当我收到的是100元时，我会遗憾地想：“才100元啊。”而在收到苹果、饭团时，我不但不感谢，反而会在心里抱怨：“行李本来就很重了，这下更重了。”

如果一连几天都没有受到招待，我就会想：“最近没有受到招待啊，四国的人真冷漠。”

但是，后来我遇到了一件事，从根本上颠覆了我的价值观。

我一身白衣走在路上，人们一眼就能看出我是去朝拜的。

盛夏的一天，我独自走在通向第28座朝拜寺庙——大日寺的路上。

“朝拜的师傅，朝拜的师傅……”一个微弱的声音从我身后传来。最初我没有意识到这是在叫自己，仍旧不停地朝前赶路。

我再次听到“朝拜的师傅”的呼喊声。

我不由转过头去，看到一位上了年纪的老奶奶驼着背、推着手推车、步履蹒跚地拼命追过来。

我意识到她是在叫我，于是急忙走到老奶奶的身旁。她翻弄着手里的袋子，双手颤抖着递给我这个陌生人1枚100元的硬币。

虽然我手里拿着的仅仅是1枚100元硬币，但我感受到了老奶奶对我这素昧平生的路人表达的“愿你平安走完旅程”的一番心意。

那时，我第一次感到人的情义无法用金钱的多少来衡量。

有时，人们把祝愿之情、感谢之情、诀别之情等情感蕴含于金钱中，传达给对方。

以前，我认为情义的大小与金额成正比，我对此完全肯定：赠与10万元的人情义深厚，而100元则没有多少情义可言。

但当老奶奶给了我100元时，我的标准被摧毁了，因为我从那100元中感受到了老奶奶一片沉甸甸的情义。

我发自内心地觉得这100元“极其珍贵”。

从那天起，我不再计较收到了多少金钱。

有人给我1万元，我虽然觉得吃惊，但我的感谢之情与收到100元、500元时是一样的。我对收到任何数额的金钱都能够做到同等地感谢。

而且，不仅对于收到金钱，我在收到苹果、饭团等物品时也同样地感谢。

那时，我第一次深切地体会到无论金额多少，“钱就是钱”，1元与10元同样了不起，都很重要。

我在四国朝拜之旅中学到了这一点，我对有钱人从不同的形式中领悟到相同的事物有了些感触。

所以他们在与金钱交往时，不因钱多而珍惜，也不因钱少而轻看，即使是1元钱，也视其为珍宝，与1万元一视同仁，从不区别对待。

我至今仍然感谢那位老奶奶，她让我认识到什么是最可贵的。那天我到达大日寺后，捐出了老奶奶给我的100元，以祈愿她老人家幸福长寿。

第4章

财务自由之人的“1元钱储蓄法”

◎ 不积攒 1 元，就无以积攒 1 千万元

总也攒不下钱来，存款一直不见增长。很多人都有这样的烦恼。

还有人认为，如果积蓄充足的话，平日就不会对金钱感到不安了……

那么，如何才能攒下钱来呢？

储蓄的基本做法是“先拿出用来储蓄的部分”。

有工资收入时，首先留出用来储蓄的部分，用剩余的钱来安排每天的生活。

或许也有人认为应该先在消费时尽量节约，等有了多余的钱再拿来储蓄。但这样做难度非常大。

例如，为了避免饮酒过量，啤酒只喝半罐；为了减肥，只吃半块蛋糕，把剩余的留起来……这些并不容易做到。

东西摆在眼前，不由得就想去喝、去吃。

金钱也一样，搁在那里，不知不觉就花掉了。

因此，想要增加储蓄的话，可以先从工资里拿出用来储蓄的部分，存进专用账户。

但是也有人没有余钱用来储蓄，目前的收入只够维持生活。

对于这样的人，我向他们推荐**“1元钱储蓄法”**。

可以每天存1元，也可以在一天就要结束时，清点

一下钱包，将里面的1元硬币全部储存起来。总之，每天在存钱罐里至少放入1元钱。

也许有人认为，“就算把1元钱都存起来也没多少”。

实际上，1元钱储蓄起来，有着超出其金额本身的积极效果。

我现在实践的是“500元储蓄法”。每天早上，我对零钱包进行清点，如果里面有500元硬币的话，就把它们放入专用的存钱罐里。

我每月还另外从收入中拿出一部分用作储蓄，按使用目的加以管理。我把这“500元储蓄法”所存的钱的用途定为“完全自由”，把存钱当成一件乐事。

我的“500元储蓄法”是过了35岁，收入逐渐增加后才开始的。

在此之前，我实践的是“50元储蓄法”。遇到找零，手头有了50元钱，就把它们放到专用存钱罐里存起来。

再早些时候，我尝试的是“1元钱储蓄法”。

生活贫困时，我连存储50元都做不到，手头能够自由支配的钱少得可怜，我不得不用这些钱来维持生计。

这就是现实。但正因为是这种状况，我才想到要存钱，哪怕存1元钱也好。

每个人都有各自的金钱的“风向”。

既有收入增加，或虽然收入没有增长，但因擅长理财而存款增加等财运亨通的“顺风”时刻，也有收入减少、支出增加等财运不佳的“逆风”时刻。

金钱的“风向”大部分是由社会的景气状况、所

在公司的经营状态等外界因素决定的，但我认为也在很大程度上受个人的思想与行动影响。

即便是处于“顺风”的状况，如果安于现状，对金钱漠不关心的话，风向也可能在瞬间改变；“逆风”时也同样，如果就此放弃，接受了现状，风向就不会转变，甚至更趋恶化。

我相信，只要不断努力让风向朝着好的方向改变，是能够对风向造成影响的。

当时，我的金钱风向可以说是“最糟糕”的状况。我就想，要是我能唤来助力之风，就一定要让它吹起来。

这就是“1元钱储蓄法”。

每天，我都把钱包里的1元硬币放入存钱罐。

每天1元，存钱罐里的钱渐渐地多起来。

“虽然仅仅放入1元钱，但存钱罐里的钱每天都在增加。虽然这点钱微不足道，但毕竟存下了钱。”

“至少，此处吹拂的是金钱的‘顺风’，我在朝着积极的方向前行。”

这提升了自己心目中的自我形象。

它也成为我遇到挫折时的精神支柱，所以“逆风”从未对我的内心深处造成过影响。

渐渐地，这股“顺风”开始吹到1元钱储蓄之外的部分。

如果那时我在心理上认输的话，风向是不可能在后来逆转的。

由此可见，“1元钱储蓄法”有可能成为改变一个人金钱风向的转机。

而且，“1元钱储蓄法”还有培养储蓄习惯的

效果。

存得下钱的人与存不下钱的人在收入水平、生活质量等各个方面都有差别，但最大的不同乃是“做”与“不做”。

即是否养成了储蓄的习惯。可以说，二者的差别仅此而已。

想增加积蓄，首先就要开始存钱的行动。这才是最快达到目的的捷径。不要思来想去、犹犹豫豫了，要强迫自己去进行储蓄。

不能存下1元钱的人无法存下50元，不能存下50元的人也无法存下500元。

我们常被告诫至少要将收入的10%用作储蓄，但这对于连1元钱都存不下的人来说简直是无稽之谈。

首先从储蓄1元钱做起，现在就开始做吧！

如果你正处于缺钱的境况，而且想要拥有积蓄，那就更不能轻视小笔金额，不妨先实践“1元钱储蓄法”，在此基础上再逐步提升。要知道，每一笔巨款都是由1元钱积累而成的。

◎ 有钱人不把自己的钱视为“属于自己之物”

“我们原本并没有钱，现在拥有的这些钱都是别人暂存在自己这里的。”很多有钱人都是这样认识金钱的。

这些人都拥有丰厚的积蓄与资产。

但他们并不将其视为“属于自己之物”，而是将其看作自己替别人或社会“暂时保管之物”。因此，虽然是自己的钱，与之交往时也保持着一定的距离。

也因此，他们更爱惜金钱，慎重地使用金钱，并且不依赖金钱，无有偏见地对待金钱。

家人对我们而言是很重要的，但我们对家人的态度却往往比较粗率。

例如，与朋友或同事的约定优先于自己对妻子或丈夫的承诺；与家人愉快进餐时手机收到了邮件，就忙着处理邮件而怠慢了一起进餐的家人；对父母和孩子说话时态度简慢……

我们都有过类似的经历吧。

正因为是一家人，所以丢掉了客套。很多时候，明知他们对自己非常重要，却不能珍惜。

对于金钱也是这样，如果将其视为“属于自己之物”，对它们的态度就往往趋于简慢。

金钱原本被称作“行走天下之物”，它游走于世间。

你花出的金钱可能成了某家企业的销售额，接着又成为那家企业的员工的工资……绕了一圈之后，也可能又作为你的工资回到你的手中。

你缴纳的税金，以行政服务等形式奉献于社会，它也有可能回到你的身边，令你受益。

水源源不断地流淌在高山和大地上，以及海洋中，滋养着物产丰富的大自然。如果阻断水流，某些地方就会发生灾害。

金钱也一样，我们不能紧抱着来到自己身边的钱不放。适时地放手，我们的生活才能多彩，社会才能富饶。从这层意义来看，金钱堪称全社会的共同财产。

因此，将来到我们身边的金钱视为“自己暂时保管之物”是最合适的。

我们也可以将自己手边的纸钞、硬币理解为迟早

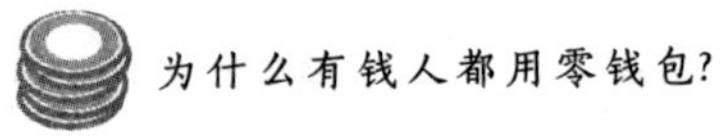

会离去的“客人”。

现金不会永远留在自己的身边。钱不用就失去了其价值，我们钱包里的现金早晚都会离去。

你们是否知道纸钞的“寿命”呢?

据日本银行统计，面值1万元的纸钞平均寿命约为4~5年、面值1000元和5000元的纸钞平均寿命约为1~2年。在此期间，这些纸钞在数百人的手中传递。

你现在拥有的纸钞就是这样偶然流动到你手中的。

如果认为它是“属于自己之物”，就会疏于对待，对其不太在意。

反之，如果视其为“客人”，就会在它停留在自己身边的这段时间对其盛情款待。

我曾经在第2章讲过，经常保持钱包整齐是对金

钱的一种款待。因为对金钱而言，钱包就好像其下榻的酒店，能让它的身体在漫长的旅途中得到充分的休息。

◎ 不说“买不起”，而说“不买”

“我可买不起那么贵的东西。”

“太贵了，我买不起。”

你是否也曾无意识地说过类似的话?

实际上，如果尽力避免使用这种言辞，是能够减少浪费的。

根据我自己的亲身经验来看，人在没有钱的时候，在缺少能够自由支配的金钱的时候，更容易有浪费倾向。

反之，如果可以自由支配挣到的钱，则不大会浪

费。可以自由支配的钱越多，反倒越不会过度花销。

这究竟是为什么呢?

前文已多次提到，与金钱的相处之道和与人的交往之道基本上是一样的。

当我们不喜欢某个人时，大多数情况下，对方也不会对我们产生好感，我们与对方的关系自然就会变得疏远。

同样，一个人对金钱的感情消极，与金钱的关系也会变得疏远。

那么，什么样的人容易对金钱产生消极的情感呢?

是那些对现有的金钱感到不满足的人。

“因为没钱，所以我才过得这么苦。”

“只要有钱，我就能轻松一点了。”

“有钱可真好啊……”

有了这样的想法，就会在不知不觉中对金钱的印象变得消极。

我在还没有什么钱的时候，一面在心里祈祷“我想要更多的钱，哪怕多1元也好”，一面在内心深处消极地认为“自己被钱搞得痛苦不堪”。

我们都不愿意想，也不愿意见自己讨厌的人，当然会对那些人表现得漠不关心。

同样，如果对金钱缺乏好感，就不会把金钱视为“宝贵之物”，也就不在意能看出金钱“面目”的钱包和银行存折等，逐渐地，对金钱变得漠不关心起来。

于是，每天不知不觉地就把钱花掉了，浪费变得多起来，陷入“对金钱有消极的情感”→“对金钱变得漠不关心，浪费增加”→“越来越没钱”的负面循

环之中。

对金钱有积极情感的人，则经常对金钱表现得关注。

这与在意自己喜欢的人是一样的，积极的情感让我们有意识地关注金钱，让我们懂得金钱的可贵，让我们意识到如果不去关注金钱，它就会转身离开。这样我们便不会浪费金钱了。

这就会形成与上面所述正相反的“对金钱有积极的情感”→“想要爱惜金钱，浪费减少”→“钱越来越多”的良性循环。

所以，要减少浪费，就要对金钱产生积极的感情，从负面循环转换成良性循环。

但是我们是无法让心情急速转变的，突然要求自己去“喜欢”自己本来厌恶的人，是很难做到的。

不过，我们可以先试着改变一些微小的行动。

例如，坚持和自己厌恶的人打招呼；停止向朋友抱怨自己讨厌之人的不是……这样，自己的心情就会转变。

细微的行动上的改变就能够影响到感情的变化。

同样，要把对金钱的感情转变为积极的情感，也可以试着从改变行动开始。

做法之一便是改变自己的措辞。

当自己想要的东西太贵、买不起的时候，不说“我买不起”，而是说“现在我不买”。说“现在我不买”，而不是“我买不起那么贵的东西”“现在我可买不起”。

说“买不起”，只会产生不被满足的感觉和挫败感；说“现在不买”，则会生出对未来的希望。

同样是无法得到自己想要的东西，但说“现在不买”更能在精神上保持富足。目前的状况是由自己控制、自由决定的，这种心理非常重要。

虽然现实中尚有差距，但在精神上保持富足，对金钱的感情就会变得积极。这样就能形成良性循环。

有钱人也经常使用“现在不买”的表达方式：“虽然想要，但现在并不需要，所以不买。”“暂且保管在商店里。”……

无论何时，他们都不会忘记对富足感的确信。

◎ “浪费”在某些时候是必要的

人们常说：“浪费金钱不好。”

但我认为，要做到擅用金钱，某种程度的浪费是必要的。

因为对浪费有过实际的体会是预防浪费的最好的“一剂药”。

现在，我几乎不再浪费金钱了。这是因为我曾经有过铺张浪费的时期。

那时，我还不到30岁，尚未取得税务师资格。

音乐是我的爱好之一，我喜欢听各种风格的乐

曲。我从高中时期就开始弹电吉他，现在也仍然在工作间隙和休息日摆弄吉他。

现在的我不怎么买CD了，但在那个时期，只要有时间，我就频繁地前往宝塔唱片、HMV[①]等CD商店。

那里有一个服装专柜，卖的多是些时髦的T恤衫，但也有金色的夹克、镶有金银丝线的大衣、紧身皮裤等所谓的音乐家行头。这类被称作摇滚风格或是突出视觉效果的服装在普通的商店里是看不到的。

我当时尽管执着于金钱，但还是经常购买那个专柜所售的花哨服装。

我虽然弹吉他，但不登台表演，所以实际上并不需要演出服。尽管如此，我却在冲动之下买了金色的夹克、皮裤等，而并非平时能穿的T恤等服装。

而且买了之后一次都未穿过。有的甚至都没从袋

① 总部位于加拿大的一家音像制品零售商。

子里拿出来，一直扔在一边。

现在想来，当时的我无论在工作中，还是在生活中，都处于一种高不成低不就的状态，我对自己毫无信心。也许就是因为内心没有自信，我才想到了用花里胡哨的服装去武装外表。尽管我内心很清楚自己不是穿金色衣装的那种人。

过了一段时间，等冷静下来之后，我感到强烈的后悔："我怎么会蠢到买这样的东西？简直就是浪费嘛！"

反复有过几次这样的经历之后，我终于从心底悟到"再也不能这样花钱了"。从那以后，我几乎不再浪费金钱。

为了做到这种"有效的"[①]浪费，至少需要留意一

① 这里是说一定程度的浪费可以让人认识到浪费的不好，对以后再次浪费起到预防作用，所以作者将其称为"有效的"浪费。但这并不是说浪费本身是有效的，所以加了引号。

件事，即“不要用卡付款，要用现金支付”。

实际上，我那时购买华丽衣装都是以信用卡支付的。也许就是这种刷卡付款的方式令我全无冲动购物的罪恶感。

在一些特定的时期，浪费是无法避免的。但是浪费要最终成为抵御浪费的“良药”，就必须是令全部身心痛彻大悟的浪费，是产生扎心的失败之痛的浪费。

用卡支付，很难产生那样的感触。

卡有延缓花钱的痛楚、缓解疼痛的效果。因此，要让浪费变得有意义，现金支付是关键。

“浪费”这个词说起来简单，但如何界定是不是真的浪费呢？

它是由金钱的使用目的来决定的。

有时，公司经营者会问我：“保时捷、法拉利是否可作为公司经费？”

无论多么高档的车，均可视为经费处理。但有一个条件，就是基于客观事实，其与事业的相关性需要得到认可。

有人会说：“我们公司用的是便宜的二手车，你说的这些与我们无关。”但是否算作公司经费与价格高低是没有关系的。归根结底，判断标准为是否与公司的事业有关。例如买了车必定（或预计）会提高事业的便利性或收益，则可作为公司经费。

判断浪费的方法也与此相同，“买了什么”以及“价格高低”并不是判断的标准，“为何而买”才是关键。

即使价格仅为1元，如果是像我买那件金色夹克，仅是一时间为满足个人的自尊心而买，即是浪费。为

了发泄自己的感情或消除忧虑而花的钱，就是浪费。

花钱时如果不知道是否算浪费，可以先不急于判断，用一天时间想想是否真的有必要，然后扪心自问：“为什么要买？”听听发自内心的真实的声音。

即使判断有误，浪费了金钱也无妨。因为在重复失败之后，就能从经验中获得智慧，学会辨别什么才是对自己真正有价值的东西。

◎ “不贪婪”是自然界的道理

自几年前开始，每天清晨，都有几只麻雀飞到我家的阳台上。

一天，从不远处不断传来“啾啾”的叫声。我轻轻转头，朝窗外看去，只见两只麻雀落在阳台的栏杆上。

我已经很久没这么近距离地看到麻雀了。我想，如果在阳台上放些鸟食，说不定麻雀就会来吃。于是我就撒了一把米。果然，两只麻雀飞过来啄米吃。

这些可爱的小家伙们彻底俘虏了我，每天早上，

我都会在阳台上放一把米。

两只麻雀几乎每天都飞来，有时还会跟来另外三只。因为每天都看到它们，我已能分辨出哪两只麻雀是最先来的那两个小家伙了。

过了一段时间，我如常看着阳台上的麻雀，忽然注意到一件事。

我发现“麻雀决不贪心”。

最先来的那两只麻雀“啾啾”地啄米，仿佛在说“谢谢招待”，只吃下自己需要的量，之后，便不知飞去了哪里。

阳台上还有吃剩的米，又有别的麻雀飞来啄食，它们吃饱后也飞走了。

这些野生的小家伙们，明天的食物并没有任何保障。尽管如此，它们填饱肚子就走，从不贪婪。

从前，我一直以为野生动物面对饵食，会据为己有，储存起来。

但它们深知自己的肚量，不贪婪更多的东西。当然，这么做也可能是因为如果吃食太多，就很容易被天敌盯上这一动物本能的反应。但我见到的阳台上的那些小家伙的样子，让我感到它们是在替后来的同伴着想而留下食物。

目睹此景，我不由得反省起自己：

我做得如何呢?

我是否能没有贪欲地度过每一天呢?

我是否能如麻雀一般不贪得无厌，高尚地活着呢?

……

我觉得最近几年，人们的占有意识、权利意识都

变得越发强烈。

很多人无论什么都想得到，都想据为己有。

当然，并非这种想法全都不好，但过度的占有意识可能会引起竞争，造成隔绝或歧视。

所以对于“事事贪婪，万物皆想据为己有”的占有意识，我不愿拥有，而是极力摒弃。

对于金钱也是一样。

虽然今日的我还不能如麻雀般高洁，只满足瞬间的饱腹，但我也不想对金钱过度贪婪。

无论得到多么丰富的粮食，用来满足的肚皮都只有一张；无论有几件西装，可以穿着的皮囊都只有一副。

我希望清醒地认识自己的器量，如果得到了超出自身器量的金钱，就简简单单地用它令身边的人欢悦。

第 5 章

创造财富的人挣得“1 元钱”的方法

◎ 与其做“赚钱的人”，不如做“挣钱的人”

“您这回又赚钱了啊。”我曾经笑着对一位客户——某位社长如此说道。

“龟田君，别说得这么难听好不好？”社长却一脸不快。

我吃了一惊。

那时，我还是一个初出茅庐的税务师，我去拜访客户，为他们解释财务报表。

“嗯？！这话难听吗？”

我没明白社长的话是什么意思，坦率地问：“难听是什么意思啊？”

于是，社长娓娓道来：

“我以前看过一本书，至今仍念念不忘。书上说‘赚’这个字由‘贝’与‘兼’组成，分别代表金钱与粮食，意思是钱生钱，有点儿投机取巧的感觉。我无意也不想那样做生意，所以，我更愿意用‘挣’这个词来取代‘赚’。”

我过去从未这样理解“赚”这个字。听他这么一说，也觉得“赚”确实有这样一层负面的意义。

“赚一笔”“赚钱的好事”“大赚”……由“赚”组成的词总给人一种采用不正当手段获利、不劳而获的印象。

“挣”这个字的出处不明，有一种说法是它原本表达“工作勤勉”之意。

“挣”字左边是“手”，右边是“争”，意思是用自己的双手辛苦劳动以换取报酬。

听了这番话，我理解了社长为什么会对“赚钱”一词心生不快了。

“挣钱”比“赚钱”更具能动性，意义更积极，用自己的双脚前进，用自己的身体从正面抓取金钱。

当然，关于这两个字的来源有多种说法，每个人都会有各自不同的理解。但自那之后，我在工作现场尽量不再说“赚钱”而说“挣钱”。

听了那位社长的话以后，我开始有意识地观察那些脚踏实地挣钱的人，发现他们都强烈地意识到“钱不是赚来的，而是挣来的”。

金钱不是他人给予的，不会因某天中了大奖而突然涌来，也不是靠托付给他人而增殖的，归根结底是“自己创造出来的”。（有钱人都异口同声地说“不买彩票”，因为相对于投资来说，其回报率明显太低了。）

这样的人就算手边没钱也不会慌张。一般人如果手头没了钱，就会吵嚷着：“没钱！没钱！”而他们却表现得很冷静。**他们若无其事地说：“大街上到处不都是钱吗？”**

他们认为：“街头巷尾到处都是商机，只要凭自己的双手把它们变成金钱就好。即使现在没钱，有朝一日，也是可以创造出来钱的。”

有钱人都有“自己挣钱”的自信。他们信心满满地认为，金钱是自己创造的，自己具备变现金钱的能力。

◎ 创造“额外提供价值”的劳动方式

我将成为**“销售成本”**当作自己的工作目标。

这可以创造出取代金钱的价值。

以某件商品为例，销售成本就是指用来购货或制造此商品的费用。零售商按1000元销售以800元采购的商品，800元即为销售成本。

运营一家公司，除了销售成本，还会产生房租、水电、人事费等费用。其中与销售额没有直接关系的费用被归为“销售费用及一般管理费”，是不同于销售成本的分类。

也就是说，销售成本是一个公司产生销售额所需的最低限度的费用。可以说，如果没有它，经营便不成立。

每当接受一项工作，我就会给自己定下“起到销售成本作用”的目标。

客户公司接受税务上的帮助，支付给税务师的报酬，一般被归类为外包费，即收支平衡表中的“销售费用及一般管理费”。

简而言之，就是与公司的销售额没有直接关系的费用。

就是说，即使没有税务师的存在，一个公司照样可以产生销售额，经营依然成立。

但我总是以“争取成为客户经营离不开的销售成本”的心态去面对工作。

无论做什么工作，在我心中都有一条“做到这种程度才算合格”的及格线。

“以成为销售成本为目标”指的是至少要超过这条及格线。**要达到合格标准，不仅要应对工作游刃有余、运用自如，还要能额外提供1元、10元的价值。**

作为一名税务师，如果能够履行协助客户公司纳税的义务，并尽量减轻其负担，从某种意义上说工作就及格了。

但我却不认为这样做就是及格。

及格线是自己应该做到的最低标准，我希望能够为客户公司发挥更大的作用，希望成为客户公司的坚强后盾。我拥有“凭一己之力将世界变得更好”的志向，希望帮助那些有气魄的中小企业。我希望自己的工作让客户们认为“龟田君给我们帮了大忙”……

这就是我的想法。

当然，事实上很多东西是无法用销售额来表现的，但我努力让客户在心理上变得积极，让他们在与我见面交谈之后，觉得“经营前景变得一片光明”“我获得了勇气”，或者“我振作起来了”。

这就是我的“以成为销售成本为目标”的做法。

我是个体经营者，但公司职员也可以做到“以成为公司的销售成本为目标”。

不仅处理好分配给自己的工作，更要树立起目标，让所在公司的销售业绩离不开自己，尽力为公司的经营成果多贡献哪怕1元钱。

为此必须要思考这项工作目前由自己来做的意义何在。

如果自己做的工作，其他任何人也可以做的话，

就失去了自己来做的意义。摸索出只有自己才具备的“令公司‘增值1元’”的价值至关重要。

不懈地追求，崭露头角，成为公司的销售成本，就算日后自立门户，也能作为“挣钱的人”一直做下去。

成为“销售成本”即成为“必不可少之人”。别看我用毋庸置疑的语气说了这么多，如果没有经历过自立门户之前的工薪族时期，我是不会产生这个想法的。

特别是当初我作为见习税务师入职的那家公司，坦率地说，是一个非常严厉的职场，在那里，被上司吼来吼去是司空见惯的事。有的人无法适应这种职场环境，很快就辞职了。

我也曾多次有过“想辞职”的念头。

由于精神压力太大，我长出多个胃溃疡，有时疼得满地打滚；头上还出现三四处10元硬币大小的脱发，为我理发的美容师常常不无同情地说：“又出现新的脱发了呀。”

实力与经验不足是造成这些痛苦的原因，尽管如此，我依然留在了那家公司。那是因为我尊敬社长的工作态度。

社长是一位非常优秀的经营者，经常同时着手几个项目，业绩斐然。

他不仅严于律己，也要求员工们的工作达到同等质量。员工们都惧怕他，但他却深得客户们的信赖。

正因如此，我决定不管多苦，在学到他对工作的“观点、视点、视野”这三者之前，都绝对不从公司辞职。我暗下决心要彻底将他的工作方式、思维方式学到手，我相信功夫不负有心人，我的苦一定不会白吃。

这段艰难困苦的时期令我奠定了良好的基础，为我以后面对新困难准备了强大有力的支柱。

因此，直到今天我仍然深深地感谢那位社长。

为了争取成为“销售成本”，成为“挣钱之人”，可以在自己尊敬的人手下度过一段饱受磨练的日子。

◎ 金钱由“乘法公式”构成

东西的价格、年收入的数额……我们一提到钱，关注的往往就是其金额。例如，我们觉得东西越便宜越好，年收入越高越好。

但是表露在外的金额只不过是金钱的“外表”。

和金钱打交道与和人交往基本上是一样的。

要想和一个人一直和睦相处，就不仅要看其外表，了解其本质也很重要。仅被对方的外表吸引，则和对方无法深交，关系也不会持久。

和金钱交往也是如此，只拘泥于表面，很难

形成融洽的关系。

我也曾经是个注重金钱“外表”的人。

例如，在工作时，面对销售业绩不高的客户，我会心生轻视：“没什么钱啊。”但在和销售额高达几个亿的客户商谈时，我却感到兴奋不已。

我自身的紧张感随着金钱的多寡而变得不同。

但经历了四国朝拜之旅，后来又作为税务师自立门户，在与诸多经营者的接触中，我的态度发生了转变。

我注意到两件事：（1）1元与1万元同等重要。（2）相对金钱的“外表”，那些有钱的经营者们更注重金钱的本质。

例如，某个公司去年的销售额是4千万元，今年是5千万元。

表面上看来，销售额提升了1千万元。

这似乎是令人欣喜之事，但有钱人此时还高兴不起来。

他们在高兴之前会思考："这1千万元的本质是怎样的？"

我在前面讲过，有钱人悟出"无论数额多少，金钱皆是最小单位的积累"。在他们眼中，1万元就是"1元×1万张"，100万元就是"1元×100万张"。

因此，他们会看与去年相比增加的1千万元是由哪些要素构成的。

大体而言，销售额可由"单个顾客的消费×顾客人数""单件商品价格×个数"这样的乘法表示。**所以，面对销售额数字，首先要看它是由哪些因素乘积构成的。**

如果顾客人数低于前一年，则销售额提高也许仅仅是抬高商品价格的结果，也可能是因为一些顾客的回购次数增加了。如果商品涨价后，顾客人数仍有增加，可能是其他战略起到了一定的效果。

此外，销售额还受到合作商的情况、竞争对手的动向、员工的工作热情等多种因素的影响，对这些也要仔细观察。

关注金钱的本质，就能看到很多表面上看不到的东西。

例如，面对1千万元，要关注“1千万”这个数字背后的故事。

这样，我们就会发现，有时候虽然销售额增加了1千万元，但并不值得高兴；反之，有时候虽然销售额减少了1千万元，却能从中受益。

因此，有钱人不患得患失于“表面”金额的

增减。

他们解读金额背后的“乘法公式”，根据每个构成要素进行判断。

因为他们凭经验知道，数字看似增长，未必是件好事；反之，数字减少，也不一定就会陷入困境。

金钱的价值不能仅凭“多即好、少即坏”，从表面上来判断。

以这种思考方式去看待自己手头的金钱，你的看法是不是会有一些转变?

就算你现在没有足够的金钱，就算你觉得自己的收入少得可怜，也不应过于悲哀；反之，即使你现在有很多钱，也不该就此无所顾忌、洋洋得意。

◎ 黑暗中能找到光明吗?

无论什么样的事业，都会有波浪起伏；我们每个人的金钱状况也有起伏变化，这也可以称作是“人生的波浪起伏”。

那么，当恶浪打来时，应该如何克服呢?

我就曾在自己的事业与人生中，遭遇过多次惊涛骇浪。在金钱方面，我经历过的最大的巨浪就是继承父母的债务。

我们一家失去了土地、房屋等全部财产，我银行存折的余额变成了零。

我在上一本书中曾写到，我被放高利贷的人带到了他们的事务所。

就像在电视剧里看到的那样，我被三个横眉立目的男人团团围住，他们把一张空白的委任状扔在我的面前，逼迫我还钱。

当时我刚二十出头，这种处境令我感到恐怖且心灰意冷。

我对眼前的境遇感到悲观，但同时心底却也有一丝乐观，我心想："说不定这下机会就来了。"

在这之前，我身处顺境，过着泡在蜜罐里一般的生活。

我随心所欲地花着父母挣来的钱，没在钱上吃过苦头，却也没对金钱表示过感谢。

虽然我隐约觉得“如此下去我可成不了大器”，但却从没想过要从蜜罐里出来。

看伟人传记，发现那些成就大事的人必定有过在人生的某个阶段战胜逆境的经历。泡在蜜罐里生活的我，心想要是自己也能有这种战胜逆境的经历就好了。

如今机会来了。

我灰心丧气，内心却产生了这样的想法。

现在回过头看，我产生这种想法是受高中时的恩师所说的一番话的影响。

并没有什么好炫耀的，高中时的我是个不认真听讲的学生。课堂上，我假装在听老师讲课，将教科书立在书桌上，把自己想看的书藏在内侧，偷偷地阅读。

夏目漱石、陀思妥耶夫斯基、托尔斯泰……我看的几乎都是晦涩的纯文学作品，净是些和课程毫不相干的书。总之，我是一个想拼命拔高、表现自己傲气十足的学生。所以，我与老师几乎没有过对话交流。

唯有一位老师与我有过亲切交流。那是一位年轻的男老师，刚毕业执教，我记得和他谈过很多话题。他虽然教授国语，但也精通哲学和思想，赶上合适的时机，他会和我谈论这些内容。

我们曾谈到阴阳。中国有阴阳思想，它将自然界的一切分为阴与阳，而且还有一张用来表示阴阳的太极图。

我想很多人都看过太极图，在一个圆的中央用类似蝌蚪的形状分成黑白两部分，黑色部分里有一个白色的圆点，白色部分里有一个黑色的圆点。黑为阴，白为阳。

老师一边绘图，一边为我解释道：

“这张太极图，黑色的部分有一个白点，白色的部分有一个黑点。它告诉我们阴中有阳因子，阳中也有阴因子。”

也就是说，**再大的不幸中也埋藏着幸福的种子，再大的幸福中也含有不幸的种子。所以，无论眼前多么黑暗，也不要忘记黑暗中有一线光明；反之，一帆风顺的时候，也潜藏着恶的因子，切不可得意忘形。**

当时我尽管已走投无路，但却并没有被击溃，就是因为我能做这样的思考。

多年前恩师的一番话拯救了我。

我从这番经历得到的最大的收获便是“没有天不亮的夜晚”。

我在四国朝拜时多次风餐露宿，对此深有体会：黑暗在黎明来临之前最为浓厚，但不久即迎来清晨。

无论怎样黑暗，都会有一线光明突破它。有勇气穿过这样的黑暗的人，终将成为照亮下一位造访者的前途之人。

我在黑暗中找到的光明就是税务师工作。

我不想重蹈父亲的悲剧，希望能在金钱方面帮助中小企业的经营者们，出于这样的考虑，我选定了自己的前进方向。

可以说，我能在今天作为一名税务师来挣钱，全蒙父亲的公司倒闭所赐。

◎ 亏损的时候，也正是播种的时候

之前说过，有钱人不为金钱的“外表”而患得患失，但真要模仿他们去做并不容易。

例如，我们往往会因为有一笔临时收入而开心；而如果收入下降了，我们总会情绪低落。自己的心情往往会对金钱的增减在瞬时做出反应。

那么，有钱人是怎样保持冷静的呢？他们为什么不患得患失于金钱的增减呢？

这是因为视角不同。销售额等收入增加时，有钱人并不把着眼点仅仅放在增加的部分，而是关注隐藏于其背后的实质。

他们考虑的是“会不会因为收入增加而失去什么”或者“今后有没有可能会失去的东西”。

而在收入减少时，他们也不会只盯着减少的部分看，而是思考“自己能因此得到什么”。

当然，无论多么有钱的人，在收入减少时，多少都会有一些动摇，也许也有消沉的时候。

但同时他们也会想“这样下去可不行”，从而考虑采取一些措施，为了克服收入减少而绞尽脑汁，下功夫应对。

我把这称作**“在亏损时播下盈余的种子”**。

无论做什么事业，都有波浪起伏。脚踏实地挣钱的经营者，在遇到惊涛骇浪，即事业亏损时，必定有起死回生之策。

——削减成本、研究新的经营战略、推进事业开发……

不采取贷款等搪塞一时的对策，而是思索关系到未来发展的决策。

有朝一日，这些策略必将开花结果。

他们总是清楚地记得“亏损时播种，盈余时收获”这个道理。因此，在盈余时不沾沾自喜，而是为了下一次收获进行播种。他们明白，如果被果实冲昏了头脑，懈怠了播种，就不会再有下一次的收获。因此，他们保持紧张感，考虑下一步该采取何种措施。

陷入经营困境的经营者，则往往随波逐流，没有计划地播撒种子。

例如，盈余时不去验证对投资的回报，就势扩大面积，加雇人手，这些都容易成为日后亏损的种子。

房租与人事费都是固定费用，一旦出现亏损，便会加重经营的负担。

越是在盈余的时候，越要注意自己是否在播下“亏损的种子”。

◎ 极度的富有出现在“年收入为零”之后

我认为极度有钱的人是**“年收入为零却仍然能够生存的人”**。

近来，我常常妄想：“如果有朝一日，我的年收入是零，却也能像现在这样生活就好了。”

我并非想趁现在多存点儿钱，靠积蓄度日，也并非要远离大都市，过自给自足的生活。

我只希望不用与金钱打交道就能过上和现在一样的生活。

也许有人认为，“在当代社会，没有钱是无法生活的”。

但是，果真如此吗？如果你自身拥有能够取代金钱的某样东西，会如何呢?

金钱的用途之一是作为交换手段。那么，我们就来思考一下替代金钱的“交换手段”有哪些吧。

以我为例，我有税务师资格与专业知识。因此，我可以以提供税务师的专业工作来代替金钱，交换自己想要的东西与服务。

有时我交换餐厅的饭食，我和对方约定：“我为你们制作财务资料，你们一周请我吃一次晚餐。”有时我负责客户公司与税务相关的全部工作，换来免费借用办公场地。……

当然，这些都是我妄想中的世界，我知道在现实中是很难实现的。

尽管如此，如果这一切都能够实现的话，金钱就不再是必须的了，人们不必因没钱而叹息，即使受到金钱的润泽，也不会飘飘然，最终能够从金钱中获得解放。

有钱人已经拥有了能替代金钱的某样东西吧。**“替代金钱的某样东西”，换言之，就是在当代社会，“任何时候都能够换成钱的某样东西”。**

“零”并不意味着“无”，而是既非正，也非负，是保持平衡的最佳状态。

在人生路上处处碰壁、踌躇不定的时候，问问自己：“如果现在是零的状态，自己究竟要做些什么？能做些什么？”说不定就能看出什么才是自己真正珍惜的东西，什么才是自己真正想做的事情了。

即使眼下手中无钱，也能泰然处之，拥有任何时候金钱都能从零而生的底气。

读到此处，诸位有何感想呢？我希望你们的目标是拥有能够替代金钱的某样东西，就算年收入是零，依旧能够生活下去，朝着目标前进。

终　章

终　章

这是发生在几天前的一件事。当时我正走在我家前面的小路上。

一位我时常在半路偶遇的老奶奶的背影映入我的眼帘。我与她并不相识，所以不知道她的确切年纪，估计她已年过八旬。

她佝偻着腰，总是低头而行。在这位步履蹒跚的老奶奶身旁，经常有一只上了年纪的小小的吉娃娃犬。每当有人靠近时，小狗就汪汪地叫个不停，似乎是想保护老奶奶，非常英勇。

弱小的老奶奶与上了年纪的小狗——每当看到

“两个同伴”微笑地走在一起的情景，我就会想：“瞧，她们今天也在一起啊。”

但是那天，我却看到老奶奶独自一人走在路上。

形影不离的“两个同伴”如今只剩下老奶奶孤形单影……

我凭直觉断定那只小狗大概死了。

我家也有一只与我朝夕相处的小狗。同样身为小狗的主人，想到老奶奶此时此刻的心情，一股难以名状的感觉涌上我的心头。

老奶奶行走缓慢，我很快就赶上了她。

我发现她手里紧紧地握着小狗的项圈。

老奶奶的腰是弯曲的，走路时，她将手撑在腰后，这样会让她感觉轻松一些吧。小项圈就抓在她的手里。以前她手里握的是牵引带的手柄，此时却是一只项圈。

见此情景，我觉得“老奶奶今天也在和她的爱犬一起散步”。小狗的身影虽已不再见到，老奶奶的爱犬却依旧活在她的心里。

老奶奶紧握爱犬的项圈，感受着它的存在，如同往常一样地行走着。

我无法估量爱犬离去时老奶奶是多么悲哀。

但老奶奶并没有将目光盯在小狗离去这件事上，她转而看向仍然存在的“爱犬的影子”。

老奶奶的内心装满了与爱犬在一起欢度时光的回忆，令她感到充盈。

我们往往被无意中所见之事、浮华之物、引人注目之物所吸引。

而对于看不到的东西，我们习惯将其作为“不存在之物”处理。如果没有钱，就只着眼于“没有钱”“没有钱”上。

但是，“没有”果真就是“什么都没有”吗?

例如，在路边看到1元钱。有的人即使将1元钱拿在手里，也会认为“仅仅是1元钱”。

不要停留在“没有”上，想象一下1元钱彼岸的世界吧。

这1元钱一定是某人遗失的。这个人可能是一个急着赶路的商人，也可能是一个被妈妈派去跑腿的小孩子，可能是某个企业的经营者，也可能是尖端的科学研究者，还有可能是将来会大红大紫的艺术家……

自己捡到了不知姓甚名谁之人丢失的1元钱，就如同从他的手里接过接力棒一般，这1元钱被他托付给了自己。

不仅是路边捡到的1元钱，被找零得到的1元钱、从储蓄盒里取出的1元钱、发工资时转入的1元钱……都可以这样看待。

该如何发挥这1元钱的作用呢？

这样去思考的话，就能看到在微不足道的1元钱的前方伸展出的广阔世界，看到隐藏在1元钱背后的剧集。

对，就是**在“无”中看到“有”**。

要想实现财务自由，确信“无论何时，自己都是富有的”是必不可少的。即使是亿万富翁，如果内心缺少这种富足感，便不能说是已获得真正意义上的“财务自由”。

这与手里真正有多少钱并无关系。即使自己可以自由支配的钱是零，只要确信自己是富足的，那么金钱迟早会聚集到自己的身边。

能从“无”中发现“有”的人永远都是富足的。

无论面对的是1元、500元，还是1万元、1千万元，都同样感到满足，才能称得上是真正的富足。

感谢各位读者阅毕此书。此书在众多的书籍中就如同“1元硬币”一般，能够发现它，并捧在手里阅读的各位读者朋友，衷心祝愿你们能够拥有真正的有钱人的那种富足。